oekom

ClimatePartner°
klimaneutral
Verlag | ID: 128-50040-1010-1082

CO_2-Emissionen vermeiden, reduzieren, kompensieren – nach diesem Grundsatz handelt der oekom verlag. Unvermeidbare Emissionen werden durch Emissionsminderungszertifikate mit Gold Standard ausgeglichen. Mehr Informationen finden Sie unter: www.oekom.de.

Bibliografische Information der Deutschen Nationalbibliothek: Die Deutsche Nationalbibliothek verzeichnet diese Publikation in der Deutschen Nationalbibliografie; detaillierte bibliografische Daten sind im Internet über http://dnb.d-nb.de abrufbar.

Gesellschaft für ökologische Kommunikation mbH,
Waltherstraße 29, 80337 München

Innenlayout + Satz: Ines Swoboda, oekom verlag
Korrektorat: Maike Specht
Druck: CPI books GmbH, Leck

Dieses Produkt ist auf Druckpapier gefertigt, das nach den Richtlinien des Forest Stewardship Council® (FSC®) für verantwortungsvolle Waldbewirtschaftung zertifiziert ist.

ISBN 978-3-86581-752-5

FSC
www.fsc.org
MIX
Papier aus verantwortungsvollen Quellen
FSC® C083411

Peter Spiegel

WeQ – More than IQ

Abschied von der Ich-Kultur

»Wir stehen vor
atemberaubenden Möglichkeiten,
die als unlösbare Probleme
verkleidet sind.«

JOHN W. GARDNER

Inhalt

Einleitung

An der Weggabelung: Zurück zur Ich-Kultur – oder Durchbruch zur Wir-Kultur

Was, wir sollen vor einem Abschied von der Ich-Kultur stehen? Stehen wir nicht, wieder einmal, vor dem genauen Gegenteil? Treibt uns die Angst vor den Unsicherheiten der allzu vielen, allzu schnellen und allzu fundamentalen Veränderungen nicht in den allzu bekannten alten Reflex des Klammerns an der Orientierung auf unseren eigenen Vorteil? Siegt nicht erneut der Instinkt des »Ich zuerst«? Und wenn wir von »Wir« sprechen, schrumpft dieses nicht gerade auf ein Abgrenzungs- und Abschottungs-Wir, auf ein egoistisches »Wir zuerst«, das das »Wir« nicht offen und ganzheitlich meint, sondern als Abwehr- und Abwertungsinstrument gegen alle, die als Bedrohung für die selbstbezogenen Interessen und Privilegien angesehen werden?

Die Liste der Wahrnehmungen, die diese Sicht bestätigen, ist lang und gewichtig. Man kann sie unmöglich übersehen. Und man darf sie erst recht dann nicht übersehen, wenn man es ernst meint mit der Ambition, einen kollektiven Lernprozess zu erreichen, der es uns wie Schuppen von den Augen fallen lässt, wie kurzsichtig, unklug, ja schlicht dumm es ist, länger auf die alte »Ich-Kultur« zu setzen.

Wir stehen vor einer Weggabelung und müssen entscheiden, wohin wir gehen wollen. Folgen wir den Argumenten, die die Welt zum einen als Veranstaltung der ewigen individuellen Konkurrenz, also der Durchsetzung der Ich-Stärkeren, sieht und zum anderen als Abbild ewiger kollektiver Konkurrenz, also der größtmöglichen Vorteilsorganisation für die eigenen Interessensgruppen, oder sind wir bereit, Argumenten zu folgen, die beide Denkarten als grandiosen historischen Irrtum entlarven, den wir endlich und final hinter uns lassen sollten?

Dieses Buch wurde geschrieben aus der Überzeugung, dass wir für diese grundlegende Richtungsentscheidung für unser Denken und Handeln nicht länger auf philosophisch-spekulative oder pseudowissenschaftliche Auseinandersetzungen angewiesen sind. Wir sind nicht länger auf eine Entscheidung zwischen zwei alternierenden Glaubenssätzen angewiesen, sondern können zwei real existierende Welten miteinander vergleichen und auf dieser Grundlage unsere Entscheidung treffen.

Das entscheidende neue Faktum: Eine in den letzten Jahren immer schneller wachsende Zahl von Menschen hat sich nicht nur mit ihren Wünschen aus der Welt der Ich-Denke und Ich-Kultur verabschiedet, sondern entwickelt Innovationen, Communitys, Unternehmen und ganze Infrastrukturen einer Wir-Denke und Wir-Kultur, von der beispielsweise der Zukunftsforscher Jeremy Rifkin meint, dass sie bis 2050 bereits mehr als die Hälfte der Weltwirtschaft radikal neu gestaltet haben wird. Schon heute ist eine überaus reiche Welt solcher Wir-Kultur zu besichtigen, die uns allen auf beeindruckende Art und Weise helfen kann, eine Wahl zu treffen. Verharren wir in überholten Ich-Mustern, oder orientieren wir uns um? WeQ –More than IQ.

Das vorliegende Buch spürt dieser sehr real existierenden WeQ-Welt nach, macht sie sichtbar, verständlich und vor allem: zugänglich für jeden. Jeder kann nach der Lektüre sehr einfache Entscheidungen treffen, um Stück für Stück von der Welt der Wir-Kultur zu lernen und nach und nach sein Leben im für ihn passenden Tempo und Ausmaß umzustellen.

Die sich ständig kreativ weiterentwickelnde Welt einer Wir-Denke ist alles andere als eine Parallelwelt. Sie schließt grundsätzlich niemanden aus, lädt immer ein – und zwar aus allen Sektoren der Gesellschaft – und ist offen für die Mitwirkung der denkbar unterschiedlichsten Erfahrungshintergründe. Die entstehende Community im Sinne einer Wir-Kultur ist keine Exklusions-, sondern eine vom Grundsatz her offene Inklusions-Community.

Das Buch beschreibt eine atemberaubende Entwicklung, eine Kulturwende, wie sie bedeutsamer kaum sein könnte. Es entstand aus meiner intensiven Beschäftigung mit dem Phänomen sozialer Innovationen. Soziale Innovationen sind Ideen, die das Potenzial in sich tragen, die Handlungsfähigkeit jedes Menschen und seine aktiven Mitgestaltungsmöglichkeiten in Gesellschaft, Wirtschaft und Politik zu stärken. Soziale Innovationen benötigen keine völlig neue Entwicklung. Phänomene wie Genossenschaften, Emanzipation, Bürger- und Menschenrechte, Kindergärten, Sozialversicherung und vieles mehr sind uns allen vertraute Beispiele. Doch während in der Vergangenheit in weit auseinanderliegenden Zyklen eine soziale Innovation von revolutionärer Bedeutung auftauchte, entwickelte sich in den wenigen letzten Jahren eine weltweite Szene und Bewegung, aus der permanent eine regelrechte Flut an überaus spannenden und weltverändernden Innovationen hervorbricht. Wir haben heute schon eine Kultur überaus vielfältiger sozialer Innovationen, auch wenn die breite Öffentlichkeit gerade erst dabei ist, dies zu realisieren.

In der Politik wird diese neue Entwicklung bereits verstanden. Als erster Staatspräsident der Welt richtete Bill Clinton ein Büro für soziale Innovationen als Stabsstelle direkt im Weißen Haus ein. Die G7-Staaten beauftragten 2013 internationale Experten mit dem Ziel, nach völlig neuen Finanzierungswegen für die schnelle und wirkungsvolle Umsetzung von sozialinnovativen Ansätzen zu suchen. Im Januar 2015 meinte die deutsche Kanzlerin bei einer Einladung von 120 international führenden sozialen Innovatoren im Bundeskanzleramt, sie habe erkannt, dass soziale Innovationen für die Zukunft ihres Landes wie der Welt insgesamt mindestens genauso wichtig sind wie technologische und digitale Innovationen.

Mit sozialen Innovationen tauchen auch völlig neue Geschäftsmodelle und Phänomene einer radikal anders orientierten Wirtschaftskultur auf. Eine von Ashoka – der weltweit größten zivilgesellschaftlichen Fördereinrichtung für soziale Innovatoren – gemeinsam mit McKinsey durchgeführte Studie förderte zutage, dass sozialinnovativ fokussierte Geschäftsmodelle bereits mehr als eine Billion Dollar Umsatz generieren.

Doch der eigentliche Wandel geht sehr viel tiefer. Eine Ende 2014 veröffentlichte Untersuchung des Zukunftsforschers Horst Opaschowski kommt zu folgendem Ergebnis: 86 Prozent der Menschen in Deutschland wollen den Abschied von einer »Gesellschaft der Ichlinge«. Sie nehmen wahr, dass die Ich-Kultur nicht das ist, was der Gesellschaft insgesamt und ihnen persönlich guttut, auch wenn sie keine klare Vorstellung davon haben, was wie genau anders sein soll. Noch ist es bei den meisten ein eher diffuses Gefühl, was fehlt und in welche Richtung sich dringend etwas ändern muss.

Weitere Untersuchungen unterstützen den Trend eines fundamentalen Bedürfnisses nach Wandel. In einer groß angelegten Multiperspektivenstudie unter dem Titel »Deutschland im Wandel« kam der Netzwerkforscher Peter Kruse Anfang 2015 zu dem Ergebnis: »Das kulturelle Band gemeinsamer Werte und Überzeugungen ist in unserer Gesellschaft zum Zerreißen gespannt.« Gemeint sind damit Grundorientierungen auf eine Ich- versus eine Wir-Kultur. Die überraschendste Erkenntnis der Studie: Selbst drei Viertel der deutschen Spitzenmanager haben erkannt, dass eine radikale Kulturwende von der Ich- zu einer Wir-Kultur nicht nur für unsere Gesellschaft überlebensnotwendig ist, sondern genauso für die Zukunft ihres eigenen und letztlich jeden Unternehmens. Wenn selbst Manager, die alle in einer ich-betonenden Karrierekultur groß geworden sind, zu 75 Prozent die zwingende Kulturwende als ihre wichtigste Führungsaufgabe erkannt haben, ist der Abschied von der Ich-Kultur jedenfalls nicht mehr allein in der Phantasie weltfremder Gutmenschen zu verorten.

Gerade weil ein klares Bewusstsein über die Gestaltung des Wandels noch offen ist, ist die Gestaltung des »Wie« in Richtung einer Wir-Kultur die wichtigste Aufgabe, die vor uns liegt.

Peter Spiegel
Berlin im August 2015

WeQ – More than IQ

Eine Begriffsklärung

Bei der Suche nach einer geeigneten Begrifflichkeit für den grundlegenden Wandel, der in dem Aufblühen der sozialen Innovationen sowie mehrerer weiterer Phänomene einer neuen Wir-Kultur zum Ausdruck kommt, kam mir Anfang 2014 die Wortschöpfung »WeQ« in den Sinn, verbunden mit dem Wortspiel »WeQ – More than IQ«. IQ meint in diesem Kontext nicht Intelligenzquotient, sondern Ich-Qualitäten. WeQ steht demgegenüber für Wir-Qualitäten, von der Teamorientierung bis zur gesamtmenschheitlichen Gemeinwohlorientierung. Die Anspielung auf IQ als Intelligenzquotient war natürlich nicht ungewollt, sie sollte deutlich machen, dass in der Erweiterung der Orientierung vom »I« zum »We« eine neue Qualität von Intelligenz entsteht.

Im Austausch mit dem Gehirnforscher Gerald Hüther, der Stifterin und Psychologin Helga Breuninger, dem Innovationsexperten Ulrich Weinberg, dem IT- und Sozialunternehmer David Diallo, der Serienunternehmerin Marianne Obermüller und den Publizisten Peter Felixberger und Detlef Gürtler sowie mit weiteren Vordenkerinnen und Vordenkern entstand die Idee, den an immer mehr Stellen sichtbar werdenden Kulturwandel in Richtung WeQ in das öffentliche Bewusstsein zu bringen.

Gemeinsam starteten wir die WeQ-Initiative. Das Ziel war, besonders wertvolle Beispiele für das WeQ-Denken sichtbar und bekannt zu machen und erste Elemente einer Infrastruktur zu schaffen, die sowohl jeden Einzelnen bei seinem persönlichen sowie Gemeinschaften, Organisationen und ganze Gesellschaften bei ihrem umfassenden Kulturwandel unterstützen können.

Als ersten Schritt riefen die Genannten im Mai 2015 die WeQ Foundation ins Leben, die die ersten WeQ-Vorhaben initiierte und koordiniert. Aus diesem Initiatorenkreis entstehen derzeit mehrere Publikationen. In diese Reihe fügt sich auch dieses Buch, das meinen persönlichen Zugang und mein persönliches Verständnis von WeQ wiedergibt und möglichst viele Menschen zum Mitdenken und Mitgestalten der WeQ-Kulturwende einladen möchte.

Ein fünfköpfiges Studententeam der Universität der Künste Berlin mit Elisa Hertzler, Deborah Trautz, Jan Thieltges, Gerrit Beiersdorf und Mona Breulmann, das sich den Namen »Parallelbüro« gab, begleitete in der ersten Phase das Initiatorenteam mit einer sechsmonatigen Studie zu einem geeigneten Kommunikationskonzept für das ambitionierte Vorhaben.

Der Kunstbegriff »WeQ« fand zwar schnelle und positive Aufnahme in sehr unterschiedlichen Kreisen der Gesellschaft. Aber gleichzeitig wiesen uns gute Freunde auf die Gefahr hin, dass der Begriff des »Wir« in der Geschichte auch immer wieder missbraucht worden war für autoritär gesteuerten Kollektivismus von Hitler und Stalin bis zu manchen Guru-Communitys. Wichtig war also, frühzeitig klarzumachen, wofür »WeQ« steht und wofür nicht. Das Parallelbüro-Team nahm sich dieser Aufgabe an.

Als Kurzbeschreibung von WeQ schlug das Team Parallelbüro nach intensiven Studien zur Nutzung des Wir-Begriffs schließlich vor:

WeQ meint Wir-Qualitäten

Das Besondere daran: Ganz einfach – sie bieten mehr Wert für jeden von uns. Denken und handeln wir gemeinsam, entsteht mehr Wirkungskraft für die Themen, die uns bewegen. WeQ macht den Weg zum Ziel, das Miteinander zum Ereignis wirklich guter Arbeit.

WeQ ist Team und Prozess.
WeQ ist Austausch auf Augenhöhe.
WeQ ist Lernen in Gemeinschaft.
WeQ ist Beteiligung und Integration.
WeQ entfaltet jedermanns Potenziale.
WeQ vernetzt unser Wissen.
WeQ steht für ein offenes Ergebnis.
WeQ denkt die Welt im Sinne aller.

Wir-Qualitäten werden somit zum Motor für Veränderung. WeQ ermöglicht starke Lösungen im Vertrauen aufeinander, beflügelt Kreativität und Innovation. Herausforderungen gemeinschaftlich anzugehen und die Welt weiter zu denken: Das ist WeQ.

In diese Kurzbeschreibung fließen die Kernwerte ein, die das Initiatorenteam und das Parallelbüro in Workshops gemeinsam herausgefiltert haben:

Wir-Orientierung stärkt gleichzeitig Gemeinschaften und individuelle Autonomie. Durch die Stärkung der Wir-Qualitäten jedes Menschen entsteht eine neue Qualität von Gemeinschaften mit einer neuen Qualität von Wir-Intelligenz und zugleich eine Stärkung der Potenzialentfaltung und Autonomieentwicklung jedes Individuums. WeQ ist nicht das Gegenteil von IQ, sondern *mehr als* IQ und dadurch im Ergebnis gleichzeitig auch *mehr* IQ.

Teamorientierung stärken. Arbeiten in funktionierenden Teamprozessen stärkt alle Fähigkeiten jedes Individuums und jedes Teammitglieds und bringt kreativere und kohärentere Ergebnisse hervor als die bisherige Fokussierung auf die Leistungsfähigkeit von Einzelnen.

Gemeinwohlorientierung stärken. Der Blick auf das Gemeinwohl nimmt tendenziell alle Einzelinteressen ernst und integriert sie in harmonischeren, nachhaltigeren, ganzheitlicheren und wirksameren Lösungen.

Beteiligung stärken. Betroffene zu Beteiligten zu machen führt zu besseren Erkenntnissen, besserer Akzeptanz und besseren Ergebnissen, also zu einer demokratischeren Kultur auf allen Ebenen unserer Gesellschaft.

Ermöglichungsräume schaffen. WeQ ist werteorientiert, setzt Werte aber nicht normativ-autoritär durch, sondern schafft Räume, in denen der Wert von Wir-Orientierung erfahrbar und die Entfaltung eigener Wir-Qualitäten ermöglicht wird. WeQ ist weniger eine Rede als eine Geste, hinter der eine Haltung erkennbar wird.

Anschlussfähigkeit ausweiten. WeQ-gemäßes Kommunizieren und Agieren achtet auf dessen Anschlussfähigkeit für alle

Menschen. Es will jeden durch vielfältige einladende Angebote erreichen.

Für all diese WeQ-Kernwerte gilt: »WeQ ist eine Haltung, die erlebt werden muss. Sie lässt sich zwar über Kernwerte definieren, ist aber erst im Erleben gänzlich verständlich.« Die Schlussfolgerung: »Entsprechend müssen Worte strategisch zurückstehen und eine möglichst unmittelbare Art und Weise der Vermittlung anvisiert werden, um WeQ durch das Erleben in die Welt zu tragen.«

Das Parallelbüro-Team brachte diese Haltung versinnbildlichend in die Form eines Märchens, das am Ende dieses Buches abgedruckt ist, und Helga Breuninger veranschaulichte den durch geeignete WeQ-Angebote zu ermöglichenden Erfahrungsprozess in einer Grafik, die sie auf der Grundlage der Vorarbeit des Parallelbüros in ihrem Kapitel »Die WeQ-Entwicklungslinie« weiterentwickelte.

Hilfreich ist ferner diese Gegenüberstellung des Parallelbüros:

IQ	**WeQ**
20. Jahrhundert	21. Jahrhundert
Individuum	Gemeinschaft
Hierarchie	Heterarchie
Ergebnis	Prozess
Noten / Normen	Gefühl / Geist
Lexika	Netzwerk
Konkurrenz	Beziehung
Top-down	Bottom-up
One-to-many	Many-to-many

Ist WeQ tatsächlich ein übergreifender Megatrend hinter vielen gegenwärtigen Einzeltrends?

Um zu beurteilen, wo und wie stark aktuelle Trends im Sinne eines WeQ-Megatrends in unserer Gesellschaft unterwegs sind, sichtete das Parallelbüro die Präsenz und Bedeutung von Einzeltrends, die den Merkmalen von WeQ entsprechen. Es zog dabei einschlägige Forschungen von Trendinstituten wie Trendone, McKinsey oder dem Zukunftsinstitut von Matthias Horx heran, Letzteres u. a. mit seiner Anfang 2015 veröffentlichten Studie »Die neue Wir-Kultur«, sowie Auswertungen von Google Scholar und Google Trends.

Die daraus entwickelte *WeQ Trend Map* besteht aus den Ebenen *gesellschaftliche Sektoren, Themenfelder* und *Trends*. In den gesellschaftlichen Sektoren von Bildung, Soziales, Wirtschaft, Ökologie, Medien und Politik identifizierte man in den Themenfeldern Wertewandel, Wandel des Bildungssektors, Integration und Teilhabe, Sinn für Gemeinschaft, Umweltbewusstsein, Klimawandel, Veränderungen in der Arbeitswelt, verantwortungsvolles Unternehmertum, neue Organisations- und Führungskultur, demografischer Wandel, Informationsgesellschaft, Veränderungen in der Medienwelt, Digitalisierung, Datenschutz, Globalisierung und Wandel des Kapitalismus Hunderte von einschlägigen Einzeltrends. Dazu einige Beispiele: Open Source, Open Innovation, Dezentralisierung, Online Learning, Schwarmintelligenz, Collaborative Commons, Crowdfunding, Crowdsourcing, Co-Creation, Sharing Economy, Generation Y, Networking, Collaboration, Coworking, Work-Life-Balance, Social Innovation,

Social Impact Measuring, Social Entrepreneurship, Diversity Management, Bottom-up, Blue Economy, Cradle to Cradle, Ressourcenorientierung, Big Data, Kosmopolitismus, Female Shift und vieles mehr.

Bei einer internen Studie in unserem Genisis Institute kamen wir in kurzer Zeit auf mehr als 200 neue Einzeltrends, die in den vergangenen Jahren entstanden sind und dem WeQ-Denken entsprechen. Daraufhin diskutierten wir, ob WeQ den Kriterien entspricht, die der Zukunftsforscher Matthias Horx für einen Megatrend definierte. Die Antwort war ein uneingeschränktes Ja.

Im nächsten Schritt besprachen wir, ob WeQ auch den Kriterien eines sogenannten Kondratjew-Zyklus standhalten würde. Der Wirtschaftswissenschaftler Nikolai Kondratjew identifizierte große Innovationswellen von jeweils etwa 50-jähriger Dauer, die das Gesicht von Wirtschaft und Gesellschaft im Übergang von der einen zur nächsten Innovationsrevolution fundamental verändert haben. Grundlage der bisherigen Kondratjew-Zyklen waren die Erfindung der Dampfmaschine, der Eisenbahn, der Elektrotechnik und Schwermaschinen, der Automatisierungstechnologien und Computer sowie zuletzt der Informations- und Kommunikationstechnologie. Bis auf den letzten Zyklus waren dies alles Abstufungen der industriellen Revolution. Der letzte dieser Zyklen begann vor etwa 25 Jahren und wird heute als »digitale Revolution« bezeichnet. Es ist unstrittig, dass der mit der Digitalisierung verbundene Innovationszyklus alle bisherigen noch einmal weit in den Schatten stellen wird.

Bereits jetzt befassen sich Zukunftsforscher mit der Frage, welche Innovation die Basis des nächsten Zyklus darstellen wird.

Zur Diskussion stehen Biotechnologie, Nanotechnologie, Robotik, Ressourceneffizienz in Verbindung mit regenerativen Energien sowie Cloud-Computing und das Internet der Dinge. Doch wird es überhaupt erneut eine technische Innovation sein?

Wir alle haben eine ungefähre Vorstellung davon, wie grundlegend die bisherigen industriellen Revolutionen die menschlichen Handlungsmöglichkeiten revolutioniert haben mit ihren positiven wie negativen Erscheinungsformen. Auch zur revolutionären Kraft der digitalen Revolution haben wir die Vorstellung entwickelt, dass diese unser Leben bereits tiefgreifend verändert hat und noch viel weitreichender verändern wird. Die meisten von uns sind jedoch eher ambivalent in ihrer Haltung zu den industriellen Revolutionen wie zur digitalen. Zu groß sind, neben unleugbar positiven Effekten, ihre Zerstörungsspuren und ungelösten Nebeneffekte. Die Herausforderung lautet somit: Wie können wir die dank industrieller und digitaler Revolution radikal erweiterte Welt menschlicher Handlungsmöglichkeiten *verantwortungsvoll, menschlich* und *nachhaltig* gestalten? Oder konsequenter formuliert: Brauchen wir gerade *wegen* der radikalen technologischen Revolutionen und der damit einhergehenden völlig neuen menschlichen Handlungsmacht eine ebenso radikale Revolution der individuellen und sozialen Verantwortung?

Die gute Nachricht lautet: Genau diese Art von Revolution bricht sich bereits Bahn. Man kann diese als *menschliche, zwischenmenschliche* oder *soziale Revolution* bezeichnen oder auch als *WeQ-Revolution*. Während die großen Treiber der bisherigen Revolutionen tief greifende *technologische und digitale Innovationen* waren, sind die entscheidenden Treiber der sozialen oder

WeQ-Revolution die sogenannten *sozialen Innovationen. Sozial* ist hier im Sinne des englischen Begriffs von *social* gemeint und umschließt damit das gesamte Spektrum unseres Verständnisses von *zwischenmenschlichen* über *sozial verantwortliche* bis zu *gesellschaftlichen* Innovationen. Was damit im Einzelnen gemeint ist, wird im Laufe dieses Buches noch deutlich werden.

Im WeQ-Team kamen wir zu der klaren Schlussfolgerung: Der nächste Kondratjew-Zyklus nach der Digitalisierung und digitalen Revolution wird von der neuen Welle sozialer Innovationen ausgehen und in ihrem Wesen die WeQ-Revolution sein.

Ihr zentrales Merkmal wie auch das sozialer Innovationen ist eine völlig neue Qualität der Wertschätzung des Du, des Mitmenschen, und zwar *jedes* Menschen. Jeder soll sich optimal entwickeln können, jeder verdient unsere volle Aufmerksamkeit. Jeder hat enorme unausgeschöpfte Potenziale und kann und soll diese sinnvoll und wertvoll einbringen. Vom so verstandenen Miteinander können alle am meisten sowohl für ihre eigene wie für die gemeinsame Entwicklung gewinnen.

Diese Haltungswende findet ihren Ausdruck in einer radikalen Wende vom Konkurrenzdenken in den Kooperationsmodus, in ein Denken und Handeln auf Augenhöhe, in Netzwerken und Teams, in kollektiver Intelligenz als der entscheidend neuen Qualität im Vergleich zu jeder individuellen Intelligenz.

An dieser Stelle darf ein Wort zu der so lange als Rechtfertigung für die überhöhte Ich-Orientierung herangezogene darwinsche Lehre des »Survival of the Fittest« nicht fehlen. Darwin selbst verstand unter den evolutionär Fittesten nicht die Kraftvollsten und Rücksichtslosesten, sondern die Anpassungsfähigsten an die jeweiligen Herausforderungen. Jost Herbig hat bereits vor mehr als drei Jahrzehnten in seinem Bestseller »Im Anfang war das Wort« die Evolutionsgeschichte vom Kopf auf die Füße gestellt: als Erfolgsgeschichte zunehmender Kommunikations- und Kooperationsfähigkeit und damit das genaue Gegenteil einer Bestätigung einer Konkurrenzideologie: »Nicht der Krieg ist der evolutionäre Vater des Menschen, nicht Rivalität, nicht Macht- und Besitzstreben haben den Menschen geformt, sondern Zusammenarbeit, Teilen und Verständigung. Am Anfang war nicht die Waffe und auch nicht das Werkzeug, im Anfang war das Wort.«

Das Denken im Kooperationsmodus endet auch nicht in einem engen Verständnis eines »Wir« in Abgrenzung zu einem wie auch immer definierten »Ihr«. Es ist umfassend gemeinwohlorientiert, weil es die Einheit und Unteilbarkeit der Menschheit sowie des Planeten Erde als unsere gemeinsame Heimat erkennt. Das eigene Glück ist nicht mehr separierbar vom Wohl anderer, letztlich vom Wohl der Menschheit. Für dieses Wohl zu wirken wird zum höchstmöglichen eigenen Wohl und zur bestmöglichen Entfaltung unserer Selbstwirksamkeit.

Das Ergebnis einer solch klaren Wertschätzung jedes Mitmenschen als »Bergwerk, reich an Edelsteinen von unschätzbarem Wert«, und jeder Interaktion mit jedem anderen einzigartigen Individuum als Gelegenheit zum intensiven wechselseitigen Lernen und zum Generieren von kollektiver Intelligenz – das Ergebnis eines solchen neuen Mindsets ist eine atemberaubende Ausweitung der menschlichen Gestaltungskraft, individuell *und* kollektiv.

Im Zuge dieser sozialen beziehungsweise WeQ-Revolution werden alle bisherigen Erscheinungsformen menschlicher Evolution auf den Prüfstand gestellt und grundlegend neu und anders beantwortet.

Die Welt sozialer Herausforderungen gilt nicht länger als Ansammlung unlösbar erscheinender Probleme, sondern als *Einladung* an die *menschliche Phantasie* zur Generierung von sozialen Innovationen – ganz im Sinne des eingangs zitierten Wortes von John W. Gardner: »Wir stehen vor atemberaubenden Möglichkeiten, die als unlösbare Probleme verkleidet sind.« Die sozialen Herausforderungen entwickeln sich dadurch von der Wahrnehmung als Themen unserer Mildtätigkeit und sozialen Verantwortung zu Themen sozialer Kreativität als dem kostbarsten Treiber menschlichen Fortschritts.

Die Welt der Innovationen wird nicht mehr einseitig durch technologische Neuerungen dominiert, sondern durch ein neues Universum sogenannter sozialer Innovationen bereichert, und zwar in einer Dimension und Wertigkeit, über die wir nur staunen können: Technologische Innovationen wie auch digitale Innovationen werden immer mehr in Bezug auf ihre dienende Funktion für soziale Innovationen beurteilt und eingeordnet werden. Selbst ökologisch wertvolle technologische Neuerungen werden danach eingeschätzt werden, wie gut sie soziale Innovationsprozesse in Richtung Partizipation, Co-Creation und Open Source befördern.

Die Welt der gesellschaftlichen Entscheidungsfindung und (Mit-)Gestaltung wird unser heutiges Verständnis von dem, was Politik ist, infolge der aufkommenden WeQ-Kultur völlig verändern. Politik kann immer weniger als gelegentliche Legitimierung der Delegation von Entscheidungsgewalt an »Volksvertreter« funktionieren, auch dann nicht, wenn der Delegation von

Entscheidungen demokratische Wahlen zugrunde liegen. Bürger werden über soziale Innovationen zunehmend zu aktiven Mitgestaltern ihrer sozialen Wirklichkeit, sie verlangen immer mehr Transparenz, die sie befähigt, besser mitdenken zu können, und sie erwarten eine Runde-Tische-Kultur, über die sie mitbestimmen und mitgestalten wollen.

Die WeQ-Revolution wird alle Bereiche des menschlichen Lebens, von den individuellen Haltungen bis zu globalen gesellschaftlichen Gestaltungen, grundlegend verändern, und zwar im Sinne eines großen Humanisierungsschubs. Die neue Welt der sozialen Innovationen beziehungsweise die WeQ-Revolution stellt somit im besten Sinne des Wortes einen neuen Kondratjew-Zyklus dar, einen Zyklus, der die Getriebenheit von technologischen und digitalen Instrumenten aufhebt und die menschliche Dominanz über deren Einsatz wiederherstellt.

Um den Beleg dieser These zu unterfüttern, ist das nächste Kapitel der bereits real existierenden Welt sozialer Innovationen und den damit verbundenen Einzeltrends im Sinne der WeQ-Revolution gewidmet. Es basiert auf einem Essay, den ich im März 2014 veröffentlicht habe und der die erste Publikation zum Megatrend WeQ darstellt. Die dort angesprochenen Beispiele geben lediglich einen kleinen Ausschnitt dessen wieder, was heute bereits an weltverändernden sozialen Innovationen und WeQ-Revolutionen im Aufblühen begriffen ist.

Daran schließt sich ein Kapitel an, das aufzeigt, wie sich die Perspektiven für die persönliche Entwicklung jedes Menschen verändern, wenn er sich für seinen individuellen Wechsel in den WeQ-Modus entschließt, und welche Potenziale dadurch weltweit noch freigesetzt werden können. Im darauffolgenden

Kapitel skizziere ich den Job, den sich das Genisis Institute für den WeQ-Kulturwandel vorgenommen hat. Danach folgen Beiträge der Kolleginnen und Kollegen der WeQ Foundation, die alle ebenfalls an wichtigen Baustellen des WeQ-Kulturwandels arbeiten. Den Abschluss bildet eine Einladung an jeden Leser, seinen eigenen starken Platz in dieser neuen Welt zu finden.

The Quality of Our Future

Wie sich der WeQ-Megatrend in Hunderten von Einzeltrends und sozialen Innovationen zeigt

IQ steht genuin für Intelligenzquotient. Wenn man die Chiffre IQ jedoch auf die Ebene ihrer gesellschaftlichen Botschaft hebt, steht sie für Ich-Qualitäten: *meine* Intelligenz, *meine* Fähigkeiten, sie zu nutzen. Wofür steht WeQ? Für Wir-Qualitäten. Ein ganzes Jahrhundert war geprägt von der Erfolgsphilosophie, es komme in erster Linie auf die Ich-Qualitäten von Individuen an, vor allem basierend auf deren IQ.

Alle bahnbrechenden Innovationen, die Grundlage der bisherigen Kondratjew-Zyklen waren, gehen auf geniale Entwicklungsleistungen zurück, die von Einzelpersonen vorgedacht und angepackt wurden. Kein Wunder daher, dass unser Denken in dieser Zeit von diesen »Helden des Fortschritts« geprägt war. Kein Wunder auch, dass sich der Wert eines Menschen für die Gesellschaft vor allem daran festmachte, welche Ich-Qualitäten er entwickelt hat. Wie viel Macht und Moneten einem Menschen zustehen und wie viel Ungleichheit zwischen den Menschen gerechtfertigt ist, wurde abgeleitet und gerechtfertigt entlang der Einschätzung seiner Leistungskraft auf der Grundlage seiner Ich-Qualitäten. IQ in diesem umfassenderen Sinne war unangefochtener Antriebsmythos und äußerst langlebiger Megatrend und Megazyklus mit einer unbestreitbar bestechenden Erfolgsbilanz. Aber auch mit einer Vielzahl unschöner und unkluger Nebenwirkungen.

Und jetzt soll dieser Megatrend sich seinem Ende zuneigen? Ersetzt werden durch einen Megatrend, der ein so klares »I« durch ein viel schwabbeligeres »We« ersetzt? Genau dies steht an und breitet sich mit einem grundlegend neuen Lebensgefühl und mit gravierend anderen Lebenserfahrungen aus, in allen Facetten, Biotopen, Sektoren und Lebenslagen und mit schon jetzt irritierend starken Erfolgsgeschichten. WeQ orientiert sich in seinen *Zielen* und *Prozessen* auf wir-bezogene Qualitäten, *insbesondere auf gemeinwohlorientierte Ziele und auf teamorientierte Prozesse.*

Die schlimmste Botschaft für die IQ-Orientierung: WeQ-Orientierung ist nicht nur ökologisch und sozial deutlich nachhaltiger, sondern auch intelligenter, kreativer, leistungsstärker, in einem umfassenden Wortsinne bereichernder und – wenn sich unternehmerisches Denken dafür öffnet – auch ökonomisch erfolgreicher. IQ wirkt einfach eng, ärmlich und überholt im Vergleich zu WeQ. Der Orientierung an Ich-Qualitäten kann man daher keine guten Zukunftsperspektiven mehr ausstellen. Die Orientierung an Wir-Qualitäten überrollt derzeit alles und macht alles neu.

WeQ ist somit, genau besehen, sogar noch mehr als ein Megatrend und mehr als ein neuer Kondratjew-Zyklus. Im Windschatten der bisher vor allem technologisch geprägten Veränderungszyklen baute sich eine neue Qualität von Veränderung auf: Der Zugang zu Wissen, zum kommunikativen Austausch, zu kollaborativen Formen der Zusammenarbeit wie auch der Finanzierung von Kooperationen und vielem mehr veränderte sich. Dieser Zugang war nicht länger wenigen vorbehalten, sondern öffnete sich immer leichter und immer tiefer für immer mehr.

Kollaborative Qualitäten begannen an Bedeutung zu gewinnen. Vieles ist zu komplex geworden für Einzelleistungen. Selbst Innovationen mutieren immer mehr zu Teamleistungen statt zu individuellen Leistungen.

Das Internet und alle weiteren Innovationswellen des digitalen Zeitalters gaben dieser Entwicklung noch einmal einen erheblichen Schub. So viel, so schnelle und so globale Kommunikation, Interaktion und Kollaboration waren nie zuvor möglich. Dies schob die *Qualität der Kommunikation, Interaktion und Kollaboration* ins Zentrum der Bedeutung allen weiteren menschlichen Fortschritts. Wir stehen damit am Anfang eines WeQ-Zeitalters und einer WeQ-Revolution. WeQ wird zur Qualität unserer Zukunft.

Um keine Missverständnisse aufkommen zu lassen: Etwas muss nicht in allen Punkten neu *sein*, um alles neu zu *machen*. Die Zahlen 0 und 1 waren nicht neu, aber die Fokussierung auf diese beiden Zahlen eröffnete das digitale Zeitalter. Wir-Qualitäten sind keineswegs per se neu, aber die Erkenntnis von deren Charme und neuen Chanceneröffnungsqualitäten machte die Tore zu einer neuen faszinierenden WeQ-Welt auf. Auch haben die Schöpfer des Begriffs »Megatrend«, wie beispielsweise Matthias Horx, nie behauptet, dass dessen Hauptmerkmal *das Neue* in seiner Substanz sei, sondern der substanziell neue *Stellenwert*, den dessen Hauptmerkmal im gesellschaftlichen

Leben erfährt. Nicht das *Phänomen* der Globalisierung war neu am Megatrend Globalisierung, sondern dessen heute alle Lebensbereiche durchdringende *Veränderungsdynamik*. Nicht das Phänomen femininer Qualitäten war neu am Megatrend Frauen, sondern deren Stellenwert. Gemeinsame Merkmale von Megatrends sind deren Universalität, deren Stetigkeit und Nachhaltigkeit, auch wenn sich diese erst über mehrere Schleifen durchsetzten, deren Robustheit, deren Verwurzelung und letztlich deren Globalität.

Ein kleiner Rundflug in der WeQ-Welt

Lexika sind kondensiertes Weltwissen, so wichtig und fundamental, dass Brockhaus & Co. zu den erhabensten Wissenstempeln über alle bisherigen Zeitalter wurden. Brockhaus wurde inzwischen final abgewickelt. Dies steht symbolisch für »das Ende des Brockhaus-Zeitalters«, wie Ulrich Weinberg in seinem jüngsten Buch über das Netzwerk- beziehungsweise WeQ-Zeitalter apostrophierte. Das Brockhaus-Zeitalter wurde durch jenes von *Wikipedia* abgelöst. Die neue Weltenzyklopädie Wikipedia wird täglich verbessert und fortgeschrieben durch Tausende Freiwillige und Ehrenamtliche, die die Macht über das Weltwissen der traditionellen elitären Intelligenz entrissen und kollektiver und demokratischer Intelligenz zugeführt haben. *Wikipedia steht für die WeQ-Revolution der Wissenswelt* und ist damit nur eine der vielen Variationen von WeQ, von angewandten Wir-Qualitäten und deren Wirkungen im Universum kollektiven Wissensmanagements. Dessen jüngerer Bruder *Wikidata* macht sich derzeit auf den Weg, zur weltweit führenden Wissensdatenbank zu werden – und führende traditionelle Wissensdatenbankensysteme wie jenes vom Fraunhofer Institut wechseln zur technologischen Laienkollektivleistung von Wiki, weil dies die Qualität der besten Expertenteams überholt hat.

Eine weitere WeQ-Revolution ist *Co-Laboration*, die freie Zusammenstellung von Teams aus Menschen, die irgendwo in der Welt leben und die gemeinsame Bewältigung eines zeitlich befristeten Projekts oder den Start eines Unternehmens vereinbaren, aber sich anschließend wieder neue Projekte und Co-Laboration-Teams suchen. *Co-Laboration ist die WeQ-Revolution der Arbeitswelt.* Dieser weltweite Trend stärkt sowohl die Wir-Qualitäten, die für eine gute Co-Laboration unumgänglich entfaltet werden müssen, als auch die individuellen Qualitäten der daran beteiligten Individuen. Es stärkt die gesamtheitliche Qualität und die Geschwindigkeit der Entwicklung von Neuem in der Welt, und es reduziert in der Regel dabei auch noch die Kosten, teilweise drastisch. Und es beschleunigt die Horizonte, Lernkurven, Netzwerke, Kompetenzen und nicht zuletzt die Unabhängigkeit aller Akteure in den multidimensional grenzüberschreitenden Co-Laboration-Laboratorien. Immer mehr Unternehmen werden gegründet, die eine radikal neue Kultur der Co-Laboration leben und weiterentwickeln. Die dreißig Gründer von Dark Horse Innovation, einer Berliner Agentur für Innovationsentwicklung und -begleitung, zeigten mit dem Titel ihres 2015 erschienenen Buches »Thank God It's Monday« an, dass bei ihnen die traditionelle Arbeitshaltung in eine unbändige Lust zur kooperativen Zusammenarbeit mutiert ist.

Gemeinsam geschaffene Gemeingüter

Innerhalb des Trends zur Co-Laboration wächst eine weitere WeQ-Motivation: Warum sollten zentrale Neuentwicklungen zum Eigentum und Machtinstrument von wenigen werden, warum nicht zum freien Eigentum und Instrument aller und zum Objekt der gemeinsamen Weiterentwicklung durch alle? Contentmanagementsysteme zur Gestaltung von Homepages hätten ebenfalls wie so viele andere Softwareprodukte zu Gelddruckmaschinen von Microsoft, Google, Facebook und Co. werden können. Hier jedoch »gewannen« bereits eine Reihe von sogenannten *Open-Source*-Produkten den Wettbewerb gegen kommerzielle Anbieter. Beispiele sind Typo3 und Drupal, die von Experten in globaler Zusammenarbeit kostenfrei entwickelt wurden und permanent weiterentwickelt werden. Die Entwickler von Open-Source-Produkten fokussieren sich vor allem auf jene Bereiche, von denen sie meinen, dass diese für die weitere menschliche Entwicklung so wichtig sind wie Luft und Wasser.

Dort, wo Open-Source-Produkte bereits Teil der Wirtschaft wurden, haben sie dieser keineswegs geschadet, sondern wirkten als vollwertige Entwicklungsbeschleuniger der Ökonomie und Gesellschaft. Dennoch ändert Open Source in anderer Hinsicht Grundlegendes in unserem Zusammenwirken – es ändert nichts weniger als unseren Eigentumsbegriff und damit auch Eigentumsverhältnisse. Open Source führt zu breiterem Zugang zu Entwicklungsbeschleunigern und damit zu breiterem Wohlstand. Und breiterer Zugang zur aktiven Mitentwicklung der Welt und zu Wohlstand erhöht auch das Gesamtergebnis an generiertem Wohlstand und erzeugt, weil es mehr um *gemein-*

samen Wohlstand geht, auch Wohlstandsweisen, die weit besser den überfälligen Kriterien ernsthafter Nachhaltigkeit entsprechen. Open Source ersetzt – Produkt für Produkt ihrer Entwicklungen – Eigentum durch etwas, das man als *Wir*-kentum bezeichnen könnte: Eigentum individualisiert Zugangsrechte, »Wirkentum« bedeutet: für alle kostenfrei zugänglich, wir-orientiert und wirkungsorientiert zugunsten der Entwicklungspotenziale *aller* Menschen und *aller* Unternehmen. »Wirkentum« ist also eine Steigerungsform des bisherigen Wirkungsverständnisses wie des bisherigen Wohlstandsverständnisses.

Die Open-Source-Bewegung erobert immer neue Themenfelder mit ihren kostenfreien Angeboten. Private Initiativen der Co-Laboration springen inzwischen auch dem Staat bei der Bereitstellung von Gemeingütern zur Seite. Im Sinne einer *neuen Generation von Gemeingütern* revolutionierte beispielsweise Salman Khan mit seiner Online-Learning-Plattform khanacademy.org die Welt menschlichen Lernens. Über diese und weitere Nachahmerprojekte wie »MOOC« (Massive Open Online Courses) kann jeder jederzeit jedes schulische, universitäre und bald auch berufliche Wissensfeld überall und für immer kostenfrei in höchst professionell-pädagogischer Weise nutzen. Dies ist die Voraussetzung zur Verwirklichung des Menschheitstraums der besten Bildung für alle und dazu nahezu zum Nulltarif, also die *WeQ-Revolution der Wissensaneignung.*

Der Aufwand für das Verständnis und das spielerisch leichte Beherrschen neuer Inhalte reduziert sich auf weniger als die Hälfte des Zeitaufwands als bei heutigem Schullernen und schaufelt damit den Weg frei für das Lernen ganz anderer Kompetenzen – am besten für die kreative erfahrungs- und praxisbezogene Aneignung von Wir-Qualitäten. Erst durch Entfaltung der Wir-Qualitäten als neues Epizentrum lebenslangen Lernens schaffen wir uns eine völlig neue Gestaltungsqualität für lebensunternehmerische Umsetzungen von erworbenem Wissen.

Weit über strategischen Konsum hinaus

Ein weiterer WeQ-Trend trägt den Namen *Co-Creation*. Die Kunden von Produkten und Unternehmen werden zu deren Mitentwicklern, wobei beide Seiten davon erheblich profitieren, wie Untersuchungen bestätigen. Unternehmen, die diesen Trend verstanden haben, entwickeln bessere Produkte, Dienstleistungen und nicht zuletzt eine bessere Kundenbindung. Ganz nebenbei werden Kunden buchstäblich auch noch zu Mitgestaltern von Wirtschaft, wo immer sie dies möchten, und weit über die Wirkungslinien von sogenanntem strategischen Konsum, also dem selektiven Kauf von nachhaltigen und fairen Produkten, hinaus.

Co-Creation ist die WeQ-Revolution der Produktentwicklung. Überall, wo Unternehmen diese soziale Innovation einsetzen, werden deren Leistungen nicht nur besser, sondern auch ökologisch und sozial nachhaltiger. Co-Creation ist damit zugleich ein Treiber in Richtung eines ökologisch nachhaltigeren und faireren Konsums. In jenen Ländern, in denen Discounterketten dem Wunsch eines Teils ihrer Kunden nachkamen und unfaire Produkte aus ihrem Sortiment nahmen und nur fair produzierte und gehandelte anboten, steigerte sich ihr Ansehen, und sie zogen mehr Kunden an als zuvor. So profitierten alle von einer völlig neuen Haltung.

Innovationsentwicklung befreit von der Verengung auf Fachexperten

Mehrere der Komponenten der bisher aufgeführten WeQ-Trends kommen beim *Design Thinking* zusammen. Design Thinking ist eine Methode zur systematischen Entwicklung von Innovationen. Der Unterschied zur Generierung von Innovationen in traditionellen Labors und Entwicklungsabteilungen lässt sich wie folgt beschreiben: Mit Design Thinking wird Innovationsentwicklung in den entscheidenden Phasen nicht allein den klassischen Experten überlassen, sondern heterogenen Teams übereignet. Frei von Verengungen durch Fachexpertise, stellen bewusst sehr vielfältig zusammengesetzte Teams in direkter Zusammenarbeit mit der Zielgruppe, für die etwas entwickelt werden soll, zunächst fest, was deren wirkliche Bedarfe und Wünsche sind. Dann entwickeln diese heterogenen Teams Lösungsideen, die im ersten Durchlauf die Frage der technischen Realisierbarkeit und wirtschaftlichen Verwertbarkeit hintanstellen. Erst nach mehreren Durchläufen und Vorliegen von vielversprechenden Prototypen werden wieder Experten hinzugezogen, um die konsequent bedarfs-, zielgruppen- und wir-orientierten Lösungen mithilfe ihrer Kompetenz praktisch umzusetzen.

Der gesamte Innovationsprozess ist hier von Wir-Qualitäten geprägt und macht Design Thinking genau deshalb zum großen Hoffnungsträger einer neuen Generation von Innovationsentwicklungen weit über Produkt- und Serviceinnovation hinaus. Hier stellt man sich zum Beispiel Fragen wie: Müssen bei Innovationsentwicklungen eines Pharmaunternehmens immer Pillen herauskommen? Ist ein »Brutkasten für die Armutsregionen der

Welt« nur als abgespeckte Version von Brutkästen in den Industrieländern vorstellbar, oder kann er nicht beispielsweise auch wie ein Rucksack aussehen? Müssen sich Autobauer auf das Bauen von Autos fokussieren, oder können sie nicht ganz allgemein »Mobilität« anbieten und verkaufen?

Der Pharmariese Böhringer Ingelheim stellte sich tatsächlich genau diese Pillenzwangfrage und entschied, die eigene allzu pillenfixierte Entwicklungsabteilung künftig systematisch mit Social Innovators aus dem Netzwerk der führenden Organisation von Social Entrepreneurs, Ashoka, zusammenzubringen. Der »Brutkastenrucksack« war eine Innovation durch ein Design-Thinking-Team der Universität Stanford und kostet weniger als ein Prozent von bisher bekannten Brutkästen, womit er genau zu den Lebenssituationen in Ländern der Dritten Welt passt. Die noch vor wenigen Jahren als »verrückt« eingestufte Idee des Carsharings ändert derzeit das Denken der Autokonzerne in Richtung »Mobilität« als dem neuen Produkt, das generiert werden muss. All diese Veränderungen bedeuten eine Wende zur WeQ-Philosophie im Prozess der Innovationsentwicklung durch heterogene Entwicklungsteams und in der Radikalität der Orientierung auf den Nutzen der Nutzer. Und: Design Thinking als Prozess zur Schaffung von radikal Neuem ist lernbar, und zwar durch jeden. Selbst Schüler lernen inzwischen diese Prozesse erfolgreich. So entwickelt das Education Innovation Lab in Berlin bereits systematisch Lernmaterial für Schüler und Lehrer für eine neue Art von Projektunterricht, der mit dem Design Thinking Ansatz arbeitet. Design Thinking demokratisiert damit nicht weniger als das Zentrum der Zukunftsentwicklung und steht somit für *die WeQ-Revolution in der Innovationsentwicklung*.

Innovationsabteilungen ohne radikale WeQ-Wende werden nicht mehr allzu lange überleben können. Zudem greifen solche Potenziale des Wandels auf Unternehmen als Ganzes über und verändern deren DNA, sprich: die Unternehmenskultur im Unternehmen. Hasso Plattner, Gründer von SAP, erkannte als einer der Ersten die Bedeutung von Design Thinking. Er förderte die Brutstätte für Design Thinking an der Stanford University, die dortige d-school, und die zweite, die School of Design Thinking an der Universität Potsdam. Er lud die Spitzenkräfte der größten Unternehmen der Welt zu Design-Thinking-Workshops ein und trug damit entscheidend zum weltweiten Siegeszug von Design Thinking bei. Und er sorgte dafür, dass sein eigenes Unternehmen seine komplette interne wie externe Neuausrichtung auf der Design-Thinking-Philosophie aufbaute. Design Thinking ist nun unterwegs, die DNA von SAP zu werden.

Design Thinking ist keineswegs das einzige Phänomen für eine radikale Veränderung von Arbeitsweisen, die geeignet sind, eine neue Qualität kollektiver Innovationsentwicklungen hervorzubringen. Scrum, Hackathons, Social Creativity und immer weitere Formen der Aktivierung kollektiver Intelligenz entstehen. Und nicht nur einzelne Methoden müssen Unternehmen in ihre Arbeitsweise miteinbauen, sondern die DNA der Unternehmen muss sich verändern, denn immer mehr der »wichtigsten Innovationen entstehen nicht (mehr) durch neue Technologien, sondern durch andere Arten, zusammenzuarbeiten und Arbeit zu organisieren«, meint Thomas Malone, Leiter des Center of Collective Intelligence am Massachussetts Institute of Technology (MIT).

Wirtschaftliche und gesellschaftliche Anforderungen kommen zusammen

Viele entscheidende Impulse des Megatrends WeQ stammen nicht aus der Wirtschaft, sondern aus der Szene rebellischer Weltverbesserer, die inzwischen immer besser lernen, sozialunternehmerischer zu denken und zu handeln. Zunächst erkannten nur wenige kluge Führungskräfte in der Wirtschaft deren Wert. Doch jetzt scheint die Zeit reif für eine weitere WeQ-Revolution, einen weiteren WeQ-Prozess: Wirtschaftsunternehmen und auf gesellschaftliche Verbesserungen hin orientierte zivilgesellschaftliche Strömungen sehen sich nicht länger als Antagonisten. Sie lernen gerade, über lediglich imagepflegendes Sozialengagement hinauszugehen und über substanzielle Kooperationen nachzudenken, die beiden Seiten und der Gesellschaft insgesamt völlig neue Nutzenoptionen eröffnen.

Für die Entwicklung von Wir-Qualitäten im Sinne einer neuen Qualität der Kooperation von Wirtschaft und engagierter Zivilgesellschaft entwickelte sich in den vergangenen Jahren ein ganzes Bündel unterschiedlicher, aber in der Stoßrichtung ähnlich gelagerter Konzepte. Die bedeutendsten sind *Social Entrepreneurship, Social Business, Inclusive Business, Social Innovation, Social Impact Infrastructure, Social Finance, Mission-Related Investing*. Als Versuch einer begrifflichen Klammer über all diese Trends, unternehmerisches und gesellschaftsverbesserndes Denken und Wirken klug zu verknüpfen, schlug ich den Begriff *Social Impact Business* vor. Jeder dieser unterschiedlichen Ansätze legte in den vergangenen Jahren eine steile weltweite Erfolgsstory hin.

Die Idee des *Social Business* verkündete Muhammad Yunus unmittelbar mit der Vergabe des Friedensnobelpreises im Jahr 2006. Bis dahin schuf er unter anderem mit seiner Grameen Bank, mit Grameen Shakti und Grameen Phone bereits mehrere weltverändernde Erfolgsmodelle von Social Business, also der Gründung von besonderen Unternehmen, deren einziger Gründungszweck die selbsttragende Lösung von gesellschaftlichen Problemen ist. Die Grameen Bank löste eine Weltbewegung von Kleinkreditorganisationen aus, die bereits mehr als einer halben Milliarde Menschen den Zugang zu Kleinkrediten ermöglichte und damit den Einstieg in selbstständiges unternehmerisches Wirken. Grameen Shakti installierte inzwischen allein in Bangladesch annähernd drei Millionen Solaranlagen in Armutshaushalten und stellte damit weltweit ein funktionierendes Modell bereit, die Armutsmärkte für Solartechnologie zu erschließen und mit diesem Energiezugang den Ausstieg aus den Armutskreisläufen weltweit erheblich zu beschleunigen. Grameen Phone setzte als erstes Unternehmen die Mobilfunktechnologie in den Armutsmärkten ein und ist heute das größte Unternehmen überhaupt in Bangladesch. Mobilfunkzugang erwies sich für den Weg aus der Armut inzwischen weltweit als das wirkungsvollste Instrument, weil darüber nicht nur wertvolle Informationen und kostbares Wissen für die Ärmsten und Schwächsten unmittelbar zugänglich werden, sondern auch immer mehr Geschäftsmodelle entstehen, in die dieser Teil der Menschheit vergleichsweise leicht und einkommenssteigernd einsteigen kann.

Seit 2006 entstanden sehr viele ähnlich wirksame Social Business in Kooperationen mit internationalen Unternehmen sowie großen Social-Business-Fonds. Allein aus dem Grameen-Danone-Fonds werden aktuell mehr als 50 weitere Social Business mit einem Volumen von 270 Millionen Euro weltweit gefördert.

Ein Ökosystem für soziale Innovationen

Den Begriff *Social Entrepreneurs* prägte Bill Drayton, der sich vornahm, global besondere Innovatoren für die Lösung gesellschaftlicher Probleme zu identifizieren und sie bei der Skalierung ihrer Lösungskonzepte zu unterstützen. Seine Organisation Ashoka identifizierte unter anderem Muhammad Yunus und Jimmy Wales, den Gründer von Wikipedia, als Social Entrepreneurs, lange bevor diese Weltbedeutung erlangten. Inzwischen entdeckte Ashoka weltweit weitere rund 4 000 derartige Pioniere für besonders potenzialreiche *Social Innovations.*

Um Ashoka herum bildete sich eine rasant wachsende Infrastruktur der Förderung dieser Sozialinnovatoren, die sie vor allem in ihrer Kommunikation, Finanzierung und Nachwuchsbildung unterstützen. *Social Impact Hubs und Social Impact Labs* schießen überall aus dem Boden als die neuen Brutstätten für viele weitere Sozialinnovatoren. Universitäten richten weltweit Lehrstühle und Forschungsstätten für Social Innovation und Social Impact Business ein.

Immer mehr Menschen mit geringeren bis sehr großen Vermögen entdecken sich selbst plötzlich als Social Investors, und immer mehr Staaten, die EU und jüngst der G8-Gipfel initiieren *Social-Finance*-Projekte und -Fonds. Eine dieser neuen Finanzierungsformate, *Social Impact Bonds*, verwandelt perspektivisch den Staat und die Kommunen von Sozialstaatsorganisatoren und Sozialstaatsfinanciers zu Sozialen Investoren in weit effizientere Social Innovations.

Social Innovations als zukunftsentscheidende Innovationssäule

Die Erkenntnis greift um sich, dass Social Innovations zur dritten großen Innovationssäule neben technischen und Business Model Innovations werden müssen und dementsprechend auch aus staatlichen und sonstigen Töpfen gefördert werden sollten. Meine 2012 artikulierte und damals noch als etwas verrückt eingestufte Empfehlung an diverse Bundesministerien, die Förderung von sozialen Innovationen in wenigen Jahren um den Faktor 100 zu erhöhen, erhob nur ein Jahr später das Bundesministerium für Forschung und Bildung zum Motto einer jährlichen Thinktank-Konferenz mit den großen deutschen Forschungseinrichtungen. Und noch einmal zwei Jahre später, 2015, sprach die Bundeskanzlerin von der gleichrangigen Bedeutung von technologischen und sozialen Innovationen.

Ein Schlüsselbegriff im Kontext der Bedeutung sozialer Innovationen in der Wirtschaft ist *Inclusive Business*. Er geht zurück auf den weltweit bekanntesten Innovationsökonomen C.K. Prahalad, der die These vertritt, dass das schlichte Überleben von vor allem großen internationalen Unternehmen davon abhängt, wie innovativ und nachhaltig sie in der Lage sind, gesellschaftliche Herausforderungen unternehmerisch zu lösen. Das Konzept ist: Ökologische und soziale Ziele dürfen für Unternehmen nicht länger PR-Maßnahmen sein, sondern müssen die Quelle neuer funktionierender Geschäftsmodelle werden. Hierzu einige Beispiele:

Cisco Systems entwickelte seine weltweite Ausdehnung in die neuen Märkte der Schwellen- und Entwicklungsländer als äußerst effiziente gesellschaftliche Lösung der drohenden digitalen Kluft zwischen armen und reichen Ländern. Sie etablierten mit der Cisco Network Academy die erste Online-Learning-Akademie für den weltweit kostenlosen Zugang zur Nutzung von IT-Technologie. Sie organisierten dadurch den schnellstmöglichen, wirksamsten, günstigsten und nachhaltigsten Zugang von Nachwuchskräften in den globalen Armutsregionen zu den neuen IT-Möglichkeiten – und schufen sich gleichzeitig die künftigen Nachfrager nach ihren eigenen Technologien und Produkten. Die Cisco Network Academy wurde in kürzester Zeit zur größten Online-Learning-Plattform der Welt und zum Muster für viele andere Online-Learning-Angebote. An der Cisco Network Academy erwerben heute jedes Jahr eine Million Menschen vor allem in Schwellen- und Entwicklungsländern wertvolle IT-Abschlüsse. Keine sonstige Maßnahme von Staaten oder internationalen Organisationen erreichte eine auch nur annähernd vergleichbare Wirkung gegen die um die Jahrtausendwende noch so sehr apostrophierte drohende »digitale Kluft« in der Welt. Und keine Maßnahme half einem Unternehmen in diesem Sektor wirkungsvoller und nachhaltiger, um die Nachfrage nach seinen Leistungen weltweit wachsen zu lassen.

Ein Viertel der Allianz-Kunden sind heute bereits Klein-Versicherungsnehmer in den Armutsmärkten Asiens und Afrikas mit einem grundlegend anderen Micro-Insurance-Ansatz als in ihren traditionellen Märkten und mit ihren traditionellen

Geschäftsmodellen. Sie versichern dort vor allem gegen Ernteausfälle, die Hauptursache für die immer wieder neue Zerstörung der Lebensgrundlagen von armen Bauern in der Welt.

Die Aravind-Kliniken in Indien gingen einen anderen Weg: Sie wurden gegründet mit der Absicht, Menschen mit geringem oder keinem Einkommen die Operation von Grauem Star zu ermöglichen, und dies quer zu subventionieren durch die Preise, die sie von vermögenderen Klienten erlösen konnten. Um dies realisieren zu können, mussten sie serienweise Innovationen entwickeln, weil sie zugleich sehr viel besser *und* sehr viel günstiger als andere Kliniken werden mussten, was ihnen schließlich bestens gelang. Durch diesen selbst gesetzten radikalen Innovationsdruck wurden die Aravind-Kliniken so erfolgreich, dass sie gleich in mehreren Feldern, so beispielsweise bei der Herstellung günstiger Augenlinsen, zu Weltmarktführern wurden. Längst wenden sie dieselbe Strategie eines selbstgesetzten radikalen Innovationsdrucks als Folge ihrer radikalen sozialen Ziele auch in anderen Feldern der Gesundheitswirtschaft an.

Inclusive Business ist jedoch keineswegs auf Dritte-Welt-Themen begrenzt, auch wenn dort sowohl die größten Entwicklungsbedarfe als auch die attraktivsten Zukunftsmärkte liegen. Einige Experten meinen, die Weltklimaproblematik sei durch konkrete Inclusive-Business-Ansätze weitaus schneller, kostengünstiger und nachhaltiger zu lösen als durch die heutigen Ansätze der Politik auf nationaler Ebene und erst recht auf der äußerst zähflüssigen Ebene internationaler Entscheidungsprozesse. Inclusive Business als Ansatz mit völlig neuen und überraschenden Potenzialen kann zu einer tief greifend neuartigen weltweiten Innovationswelle führen. Politik, Wirtschaft und

Zivilgesellschaft sollten dafür die Wir-Qualitäten einer neuen Generation von Zusammenarbeit lernen, um ihre jeweils eigenen Zukunftsherausforderungen besser meistern zu können wie auch unsere längst unteilbar gewordenen gemeinsamen Herausforderungen. Die WeQ-Philosophie bietet hierfür die notwendige Haltung und die richtigen Handlungsmuster.

Bildungsinnovationen für eine lebenslange und unbändige Lernlust

Der Megatrend WeQ wird sich nicht durchsetzen, wenn er nicht auch die Dimensionen lebenslangen Lernens durchdringt und damit all unsere Bildungssysteme tief greifend verändert. Der Hirnforscher Gerald Hüther und der Unternehmenslenker Peter M. Endres haben in ihrem Buch »Lernlust – Worauf es im Leben wirklich ankommt« lebenspraktisch deutlich gemacht, welche neuen Werte im Zentrum eines neuen, WeQ-getragenen Lernverständnisses stehen müssen und welche Haltungen dementsprechend gefördert werden sollten als die wesentlichsten Ergebnisse von Bilden und Lernen: Beziehungsfähigkeit, Gemeinsinn, Hingabe, Leidenschaft, Verantwortungsgefühl, Engagement, Eigensinn, Beharrlichkeit, Offenheit, Ehrlichkeit, Entdeckerfreude, Gestaltungslust, Achtsamkeit, Umsicht, Selbsterkenntnis und Selbststeuerung. All dies sind Wir-Qualitäten, nur einen kleinen Teil davon könnte man auch in einer Liste der Ich-Qualitäten finden. Gerald Hüther spricht in diesem Zusammenhang von *Potenzialentfaltung*.

IQ ist nicht schlecht oder falsch, nur ist WeQ schlicht sehr viel mehr als IQ. Eine IQ-orientierte Bildung basiert auf einem deutlich kleineren Spektrum an Haltungen und Qualitäten. Durch die deutliche Erweiterung des Haltungsspektrums bei einer WeQ-orientierten Bildung werden nicht nur die kognitiven Fähigkeiten noch einmal erheblich besser entwickelt, weil man bei einem teamorientierten Lernen die Lernerfahrungen und Qualitäten der Teammitglieder viel besser für seine eigenen Lernkurven mitnutzen kann als bei einem einseitig individualisierten Konkurrenzlernen.

Wir-Qualitäten wie Verantwortungsgefühl, Engagement oder kooperative Gestaltungslust schaffen einen unvergleichlich stärkeren lebenspraktischen Bezug für alle Lernprozesse und fördern die eigenen lebensunternehmerischen Umsetzungskompetenzen. Hüther und Endres sagen, heute komme es weit mehr darauf an, was man kann, als was man weiß. Unternehmen wie die Deutsche Bahn, Google und SAP suchen ihre neuen Mitarbeiter nicht länger nach deren Noten aus, weil Noten aus schulischen Paukleistungen resultieren und viel zu wenig über wirkliches Können aussagen. Sie entwickelten daher ihre ganz eigenen, auf das Können ausgerichteten Leistungserkennungskonzepte. Ein lebensnäheres und erfahrungsgetragenes Lernen stärkt das Erlebnis der Selbstwirksamkeit, die Begeisterung für lebenslanges Lernen und damit auch die persönliche und gesellschaftliche Brauchbarkeit von allem Gelernten. *Das Lernen der Wir-Qualitäten ist somit das Herz der WeQ-Revolution*, weil sie jeden Menschen mit den zentralen Fähigkeiten ausstatten, die er in diesem neuen Zeitalter braucht.

Ein Beispiel, wie Schule im WeQ-Modus konkret aussehen kann, liefert die von Margret Rasfeld geleitete Evangelische Schule Berlin-Zentrum. Dort gibt es Lernbüros, in denen

Schülerinnen und Schüler eigenverantwortlich, voneinander und in Teams miteinander lernen. Der Lehrer ist hier nicht Wissensvermittler, sondern persönlicher Lerncoach. Der gesamte Lernprozess wird lernlustgetriebener und effizienter, denn jeder lernt in dem für ihn optimalen Tempo. Wenn er mit Mathe schneller ist als der Durchschnitt, hat er mehr Zeit für ein für ihn schwierigeres Fach. Die Ergebnisse sind deutlich besser und vor allem vielfältiger als an »normalen« Schulen. Die Schüler lernen sehr viel mehr, tiefer und vor allem praktischer und handlungs- sowie gestaltungsorientierter. So gibt es beispielsweise Fächer wie »Verantwortung« oder »Herausforderung«, in denen sie einen ersten Roman schreiben, eine Band gründen, Korsika durchwandern oder in einem Projekt in Indien mitarbeiten. Die Schüler sind so begeistert von ihrer Schule, dass sie – die Schüler – Lehrerfortbildungen anbieten, an denen bisher bereits mehr als 15 000 Lehrer aus dem gesamten deutschsprachigen Raum teilgenommen haben. Die Schüler vermitteln dort den Lehrern, wie sie Schüler sehr viel besser und nachhaltiger motivieren können als durch jene Didaktik, die sie an den Universitäten oder Pädagogischen Hochschulen vermittelt bekommen haben, und die Lehrer sind dankbar für diese Art von lebenspraktischer Motivationsschulung. Die Initiative »Schule im Aufbruch« begleitet Schulen dabei, einen solcherart tief greifenden Wandel auch bei sich zu vollziehen.

Der radikal neue Schultyp der Empowerment Schools

Bildung im WeQ-Modus verändert unser Bildungsverständnis radikal. Wie radikal, das illustrieren das komplett andere Bildungssystem, das die Stiftung FUNDAEC in Kolumbien aufbaute von der Vorschule bis zu Post-Graduate-Studiengängen, und das Women's Empowerment Program, das 1999–2002 in Nepal mit 125 000 Frauen durchgeführt wurde.

FUNDAEC baute in den ländlichen Regionen Kolumbiens als Erstes ein System der Wegbereitung zur Hochschulreife auf. Da keine dafür geeigneten staatlichen Lehrer aufs Land gehen wollten und alle mobilen Familien und »besseren« Schüler längst in die Städte abgewandert waren, entstand ein Bildungssystem für die im doppelten Wortsinne »Zurückgebliebenen«. Deren Initiatoren, vornehmlich motivierte Wissenschaftler, passten sich radikal an die Erfordernisse an, die sie vorfanden. Wenn keine Lehrer da sind, muss man interaktive Lernbücher und -materialien entwickeln, mit denen kleine Lernteams möglichst autark lernen können. Einheimische aus den Dörfern wurden zu »Tutoren« herangebildet – wir würden sie vermutlich eher »Lernchoaches« nennen –, die die Schüler beim weitgehend selbstständigen Teamlernen begleiteten. Da keine Schulgebäude für diese »gymnasiale« Stufe vorhanden waren, arbeitete man einfach in kleinen Lerngruppen in Gemeindezentren, kirchlichen oder privaten Räumlichkeiten oder unter freiem Himmel.

Weil die Motivation für dieses Lernen am besten über deren lebenspraktische Nützlichkeit gelingt, wurden die Schüler zu »einheimischen Entwicklungshelfern«: Sie wandten alles Wissen sofort in dörflichen Projekten an. Weil dörfliches Leben – wie ja eigentlich jegliches Leben – nicht in Fächern aufgeteilt ist, lernte man nicht »Fächerwissen«, sondern man lernte die physikalischen, chemischen, biologischen, ökologischen, ökonomischen, mathematischen, psychologischen, kommunikativen und sonstigen relevanten Konzepte immer anhand von lebenspraktischen Beispielen und in ihrer systemischen Verknüpfung.

Und um alle Lernenden lebenslang zum begierigen Lernen zu motivieren, entwickelte man eine Art »Lehrplan des Metalernens«: Im ersten Schuljahr lernte man alle Inhalte über Fragen, Fragen, Fragen – lebenslange Neugier war damit in die DNA eingepflanzt. Im zweiten Schuljahr verknüpfte man alles Lernen immer mit der Hinterfragung unterschiedlicher Bedeutungskonzepte hinter den Schlüsselbegriffen – Reflexions- und Kommunikationskompetenz waren dadurch nachhaltig auf herausragendem Niveau grundgelegt. Selbst die »Lernzeiten« der Lernteams wurden höchst flexibel geregelt: Jedes Team konnte sich seine »Unterrichtszeiten« selbst festlegen und dabei auf Erntezeiten und alle sonstigen Besonderheiten Rücksicht nehmen.

Mit diesen höchst revolutionären Ansätzen ohne klassische Lehrer, ohne Schulgebäude, ohne feste Schulzeiten und ohne klassische Schulfächerabgrenzungen erreichten sie für ihre gymnasiale Stufe, dass das nationale Kultusministerium die Abschlüsse nicht nur anerkannte, sondern zu dem Ergebnis kam, dass die dortigen Absolventen jenen der staatlichen Schulen um durchschnittlich eineinhalb Jahre voraus waren. Jede Hochschule in Lateinamerika nahm Absolventen des FUNDAEC-»Bildungssystems für die Zurückgebliebenen« lieber auf als alle anderen Absolventen. In analoger Weise entwickelten die Initiatoren von FUNDAEC dann Grundschul- und Vorschulangebote, eine eigene Hochschule, Forschungslabors und Gründerzentren sowie lebenslange Post-Graduate-Angebote – alles mit ähnlich radikalen bildungsinnovativen Ansätzen.

Das Women's Empowerment Program in Nepal revolutionierte die Erwachsenenbildung, insbesondere im Bereich der »Bildung für Entwicklung«. Im Pilotprojekt bildeten Frauen die Zielgruppe, die zum größten Teil Analphabeten waren und zu den Ärmsten im Lande zählten. Im Train-the-Trainer-Modus lernten sie mit Trainingsmodulen zum einen Lesen, Schreiben und Rechnen mit fast 100-prozentigem Alphabetisierungsergebnis, zum Zweiten Projektmanagement, wodurch sie in die Lage versetzt wurden, innerhalb von drei Jahren mehr als 50 000 eigene soziale Projekte entsprechend den von ihnen selbst identifizierten Bedarfen zu organisieren, zum Dritten, wie man sich selbstständig macht, mit dem Ergebnis, dass 86 000 Frauen den Schritt in die Selbstständigkeit gingen, zum Vierten, wie man eigene Dorfbanken nach dem Raiffeisen-Prinzip aufbaut, also auf der Grundlage eigenen Sparens mit dem Ergebnis von mehr als 1 000 Dorfbankgründungen, und zum Fünften, welche Rechte man laut Gesetz hat und wie man diese wahrnehmen kann.

Nach drei Jahren hat sich das Einkommen dieser Familien verachtfacht, und die Frauen haben die erworbenen Kompetenzen in einer Art selbstorganisiertem Volkshochschulsystem systematisch weitergetragen. Selbstverständlich schickten alle diese Frauen nach ihrer eigenen Erfahrung über den höchst lebenspraktischen Wert solcherart Lernens ihre Kinder in die Schule.

Von diesem Ansatz einer informellen, nach einmaligem Anschub sich komplett selbsttragende *Empowerment School* – man könnte sie auch *WeQ School* nennen – kann die ganze Welt profitieren. Eine riesige Region lernte durch entsprechend aufbereitete Trainingsprogramme in drei Jahren, den Aufbau und Betrieb der wesentlichsten Infrastruktureinrichtungen in die eigene Hand zu nehmen: grundlegende Bildung samt systemischer Weitergabe dieser Bildung, unternehmerisches Denken und Handeln, ein eigenes und selbstgesteuertes Finanzierungssystem sowie den Aufbau aller notwendigen sozialen Leistungen.

So kann Bildung im WeQ-Modus überall konzipiert und umgesetzt werden, für jede Zielgruppe und in jedem Land der Welt, natürlich auch in den Industrieländern.

WeQ-DNA und WeQ-Test

WeQ ist die DNA eines weiteren Quantensprungs zur Entfaltung der menschlichen Fähigkeiten. Mit WeQ-Orientierung lernen wir, in jedem Menschen ein Bergwerk, reich an Edelsteinen von unschätzbarem Wert zu entdecken. Die Menschheit steht erst am Anfang ihres Entfaltungspotenzials. Würde man in zwei Vergleichsgruppen Tests durchführen, wobei die eine in ihrer Ausbildung, an ihrem Arbeitsplatz und in ihrer persönlichen Lebensgestaltung noch weitgehend nach dem IQ-Modus lebt und die zweite bereits ziemlich deutlich nach dem WeQ-Modus, wären wir vermutlich sehr erstaunt über die eklatanten Unterschiede in den Lebensgestaltungskompetenzen und in der Lebenszufriedenheit. Wir sollten schleunigst IQ-Tests vergessen und stattdessen WeQ-Tests entwickeln, mit denen wir den Entwicklungsstand im Prozess der fortschreitenden Wir-Qualitäten-Herausbildung feststellen. Gerald Hüther arbeitet bereits an einem solchen WeQ-Test.

WeQ ist offensichtlich ein Megatrend, wenn auch bisher noch in Inseldimensionen in unseren gesellschaftlichen Räumen. Es ist Zeit, in der gesamten Gesellschaft WeQ als Megatrend zu erkennen und unsere zivilgesellschaftlichen, unternehmerischen und politischen Rahmenbedingungen dementsprechend neu zu gestalten.

Das menschliche Potenzial

Denken mit dem Weltgehirn und Fühlen mit dem Herzen der Menschheit

Der britische Philosoph Peter Russell prägte in seinem 1987 erschienenen Buch »The Global Brain« den Begriff des Weltgehirns. Zu einem Zeitpunkt, als das Internet in den allerersten Anfängen steckte und das World Wide Web noch nicht erfunden war, sah er voraus, wohin der Einstieg in das digitale Zeitalter führen wird: zur weltweiten Vernetzung allen menschlichen Wissens, zur weltweiten Vernetzung aller Menschen, zu einer Vernetzung menschlicher Kommunikation und Kooperation, die die Menschheit zu einer neuartigen Identität und Entität führen wird – zu einem Weltgehirn.

Viele der im vorherigen Kapitel angesprochenen Trends von Open Source bis Open Innovation, von Collaborative Commons bis Co-Creation, sind nichts anderes als selbstverständliche Funktionsweisen dieser neuartigen Entität, zu der wir gerade zusammenwachsen. Im Vergleich zu früheren Geschwindigkeiten in der menschlichen Evolution sind wir vom Fußgänger- und Pferdekutschentempo auf Lichtgeschwindigkeit umgestiegen. Das gesamte Universum der Weltbibliothek steht uns in Echtzeit zur Verfügung, was lebenspraktisch bedeutet: zeitbefreit und universell. Arbeitsteams, Interessenteams, zivilgesellschaftliches Engagement – immer mehr Formen von Collaboration funktionieren ortsbefreit und prinzipiell global.

Das bedeutet keineswegs, dass das Internet das Bedürfnis nach physischer Nähe, nach physischem Austausch, nach physischer Realität ersetzen könnte, denn darin liegen Qualitäten, die durch nichts zu ersetzen sind. Das Weltgehirn wird uns vielmehr dabei helfen, die physischen Realitäten um uns herum sehr viel intelligenter, erfahrungsreicher, kreativer, nachhaltiger und werthaltiger zu entdecken und zu gestalten.

Wie zuvor Pferdekutschen, Eisenbahnen, Autos und Flugzeuge unsere Neugier auf Neues und anderes in der Welt immer weiter gesteigert haben, so findet menschliche Neugier noch einmal eine weitere radikale Steigerungsdimension dank der neuen Realität des Weltgehirns. Wer digitale und analoge Welt in Gegensatzposition bringt, hat die Bedeutung und die Chancen gesamtmenschheitlicher Verbindung noch nicht verstanden.

Selbstredend braucht jeglicher evolutionäre Schritt – sei es der Schritt vom Krabbeln zu den ersten Gehversuchen bei einem Kleinkind, sei es der Schritt von elterlicher Fürsorge zum eigenverantwortlichen Erwachsenwerden, sei es die Nutzung des Feuers oder des Internets – immer und zu jeder Zeit passende individuelle und kollektive Lernschritte. *Alles* ist Gefahr – mit dem Potenzial, zu Rettendem und Weiterführendem zu werden, wie Hölderlin so trefflich beides, die Gefahren- und Chancenseite, zusammenführte.

Was bedeutet nun das unaufhaltbare Entstehen des Weltgehirns für uns Menschen?

Alte Denk- und Verhaltensmuster verlieren serienweise ihre Schutzfunktion. Noch viel schlimmer: Sie mutieren zu Autobahnen für Rückwärtsfahrer in Richtung Kleingartenkolonien intellektueller und letztlich auch physischer Selbstverarmung. Wer vor Menschen anderer Kulturen Angst hat, verhält sich wie jemand, der vor Wasser oder Messer Angst hat: Er lernt nie zu schwimmen und nie zu schnitzen. Wer das Kennenlernen »fremder« Menschen und Kulturen und Religionen und Städte und Bauwerke und unendlich viel mehr als Lernchance begreift, wird dies als eine unendlich reiche Kostbarkeit für sein Leben schätzen lernen und unter keinen Umständen mehr missen wollen. Wer diese Lernlust durch digitale Wissensaneignung und digitale Kommunikation und digitale Kooperation noch weiter zu steigern weiß, wird diese Möglichkeiten immer weiter kultivieren. Um es offen zu sagen: Wer heute noch Ausländer hasst, wird sehr bald überrascht sein, wen er damit ins Abseits stellt und zum Verlierer macht: sich selbst. In der neuen Realität des Weltgehirns und der real existierenden und täglich sich intensivierenden Vernetztheit aller seiner Nervenzellen in Menschengestalt bedeutet die Selbstabschottung von anderen Menschen schlicht Selbstverdummung.

Was stattdessen gefordert ist, ist dies: eine Transformation unseres Denkens in Richtung Denken mit vielen Köpfen und eine Transformation unseres Fühlens in Richtung Fühlen mit vielen Herzen. Oder anders formuliert: die Entwicklung unserer Wir-Qualitäten des Austauschs auf Augenhöhe und der Empathie. Was bedeutet dies?

Denken mit vielen Köpfen

Je ernsthafter wir bei der Sichtweise eines anderen Menschen zuhören und sie genau und unvoreingenommen verstehen wollen, je mehr wir mit den Augen und Ohren eines Gegenübers sehen und hören lernen, seine Ausdrucks- und Denkweise als ergänzende Betrachtung zu unserer eigenen erkennen und insgesamt ihm auf Augenhöhe begegnen, desto mehr können wir von ihm lernen. Erst eine ernsthafte gleiche Augenhöhe bringt uns in die Lage, uns quasi in den Kopf des Gegenübers zu versetzen und neben unserem eigenen Kopf auch mit seinem wahrzunehmen und zu denken. Wenn wir diese Haltung auf immer mehr Menschen ausdehnen, lernen wir, mit immer mehr Augen zu sehen, Ohren zu hören, Köpfen zu denken.

Muhammad Yunus meinte einmal, er habe glücklicherweise zwei Arten von Professoren und Professorinnen gehabt. Seine ersten Professoren waren jene an den Eliteuniversitäten in den Vereinigten Staaten, an denen er studierte und später lehrte. Von ihnen habe er *eine* Sorte von Ökonomie gelernt, jene, wie man Unternehmen und ganze Volkswirtschaften erfolgreich konstruiert und steuert. Die zweite Art von Professoren waren Frauen aus Bangladesch, Analphabetinnen, die zuvor nie mit Geld umgegangen waren, geschweige denn ein Unternehmen aufgebaut hatten. Von ihnen habe er eine *völlig andere* Ökonomie gelernt: wie man eine »Ökonomie aus absoluter Armut« konstruieren und erfolgreich aufbauen kann. Über eine solche Art von Ökonomie habe er von den ersten Professoren nichts erfahren, weil sie darüber nichts wussten. Darüber habe er erst etwas lernen können, als er den Frauen aus Bangladesch genau zuhörte, mit ihnen sehr grundlegende und ernsthafte Fragen diskutierte und ihnen vorbehaltlos und ernsthaft auf gleicher Augenhöhe begegnete. Daraus folgte für Yunus eine wichtige Erkenntnis: Nur auf Augenhöhe werden die Persönlichkeit, das Wesen und die Fähigkeiten eines Menschen wirklich sichtbar.

Mit einer solchen Haltung werden wir gute Mitspieler in Teamberatungsprozessen, in kreativer Teamarbeit und in Hochleistungsteams. Wir werden die Unterschiedlichkeit der Menschen und die Unterschiedlichkeit ihrer Sichtweisen lieben und schätzen lernen. Funktionierende Teamprozesse bringen Elemente zusammen, die man als Einzelner gar nicht denken, geschweige denn kreativ kombinieren könnte.

Kommunikation mit anderen Menschen auf gleicher Augenhöhe und das sukzessive Lernen des Denkens mit vielen Köpfen bedeutet keineswegs die Aufgabe oder auch nur Schwächung eigenständigen Denkens. Ganz im Gegenteil: Je mehr Aspekte ich in mein Denken einbeziehen kann, desto mehr schärfen sich meine Wahrnehmung, meine Denk- und Urteilskraft, meine Kreativität und meine Integrationsfähigkeit im Sinne von komplexem und systemischem Denken. Selbstständiges Denken und vielfältiges Wahrnehmen bedingen sich in ihrer aufsteigenden Entwicklung. Meine Meinung bleibt weiterhin wichtig und wertvoll, aber die Meinungen anderer werden kostbarer und willkommener. Abdu'l-Bahá meinte einmal: Wenn zwei sich streiten, haben beide unrecht. Der Streit sei, beziehungsweise stifte das Unrecht, weil einer sich über den anderen erhebt und dessen Wahrheitssuche diskreditiert. Eine bessere Form des Austauschs wäre, wenn jeder am Ende artikulieren kann, was er vom anderen gelernt hat. Wichtig ist die grundsätzliche Ergebnisoffenheit.

Empathie – Fühlen mit vielen Herzen

Empathie geht noch eine Stufe weiter und tiefer. Hier lässt man sich nicht nur auf die Gedanken, sondern auch auf die Gefühle anderer Menschen ein. Der andere ist einem nicht nur als Ideen- und Impulsgeber wichtig, sondern schlicht und einfach als Mensch, als ganzheitliches Lebewesen mit all seinen Empfindungen, Sorgen, Ängsten, Hoffnungen und Sehnsüchten und auch mit seinen Träumen und Visionen für eine bessere Welt.

Selbstverständlich kann sich kein Mensch mit gleicher Intensität auf alle Menschen einlassen. Es geht um *grundsätzliche* Empathie für *alle* Menschen. Man kann *Taten* von Menschen sehr wohl deutlich und klar zurückweisen, wo diese zum Schaden anderer Menschen sind. Aber man wird nicht *Menschen* zurückweisen. Freundlichkeit, Achtsamkeit, Mitgefühl, Gastfreundschaft sind Haltungen, die wir anderen entgegenbringen, weil wir Menschen als Menschen achten und wertschätzen. Wenn wir diese Haltungen nur nahestehenden Menschen entgegenbringen oder nur Freunden oder Deutschen oder Weißen oder Glaubensbrüdern, dann haben wir Grundtugenden in Waffen verwandelt, gegen alle, die wir ausgenommen haben. Erst wenn wir grundsätzlich jedem Menschen mit Empathie begegnen, können wir uns in unserer eigenen Menschlichkeit entwickeln.

Wirklich tief gehende Lernprozesse gehen nur mit einer permanent wachen Weiterentwicklung unserer empathischen Qualitäten. Erst Empathie durchbricht die Grenzen zu besonders herausragendem Bemühen, zu besonderer Innovationsleistung bei der Suche nach besseren Lösungen für individuelle und gesellschaftliche Probleme und führt zur Überwindung von

Hindernissen und Denkgrenzen. Je mehr wir uns mit den Sorgen und Sehnsüchten anderer Menschen empathisch verbinden, desto motivierter, inspirierter, willensstärker, mutiger und ambitionierter werden wir für allgemein menschendienliche Ziele. Und je stärker wir unsere Empathie entwickeln, desto sinnerfüllter wird unser Leben und sinnstiftender jede unserer Entscheidungen.

Entscheidend ist eben die Universalität des Radius, auf den sich unsere Empathie richtet. Die Empathie für Neugeborene und Kleinkinder fällt uns in der Regel nicht besonders schwer. Je älter Kinder werden, desto mehr teilen wir aber den Grad unserer Empathie zwischen »lieben« und »schwierigen« Kindern. Doch nicht nur für Lehrer sollte es zum Ethos gehören, auch die schwierigere Beziehungsfindung zur letzteren Gruppe zum Gelingen zu bringen. Das von Wilfried Schley und Helga Breuninger entwickelte »Beziehungslernen« kann uns dabei helfen, den Wert von gelebter praktischer Empathie zu verstehen und in jeder Beziehung umzusetzen.

Empathie ist nicht Almosen spendendes Mitleid und erst recht nicht Helfersyndromverhalten. Empathie ist getragen von einem hohen und ehrlichen Respekt gegenüber jedem Menschen, dass wir alle vor der riesengroßen Herausforderung stehen, unsere Daseinsaufgabe, unseren Platz und unseren Sinn zu finden. Zur Empathie gehört, sich bei der Sinnsuche gegenseitig achtsam zu unterstützen. Das Empathisch-Sein hat dabei eine Doppelwirkung: Es unterstützt andere Menschen auf ihrem Weg, und es unterstützt uns auf unserem Weg.

Wer hingegen meint, er würde seine Persönlichkeit und seine Stellung in der Gesellschaft dadurch am besten entwickeln, wenn er sich gegenüber seinen Mitmenschen durch Überheblichkeit hervortut, der realisiert nicht, wie viel er selbst verliert. Er merkt auch nicht, dass er seinen Mangel an empathischen Kompetenzen immer mehr durch Stereotype und Abwertungen anderer Menschen und Menschengruppen »kompensieren« muss sowie durch »Erklärungen«, warum ihm so viele Beziehungen nicht gelingen. Mit empathiearmem bis empathielosem Verhalten kann man selbst kaum noch etwas in zwischenmenschlichen Beziehungen lernen.

Umgekehrt führt das schrittweise Lernen des »Fühlens mit vielen Herzen« zu einer unvorstellbaren Bereicherung der eigenen Wahrnehmungs-, Einfühlungs- und Beziehungsgelingens-Kompetenzen.

Alles Mögliche war einmal unmöglich

Eine der schönsten Aufgaben und Fähigkeiten jedes Menschen ist es, immer weiter über sich hinauszuwachsen. Haltungen der gleichen Augenhöhe und der Empathie und die daraus sich ergebende Veredelung sozialer Kompetenzen sind dabei die kostbarsten Entwicklungsbeschleuniger.

Wer sich auf »Denken mit vielen Köpfen« und »Fühlen mit vielen Herzen« einlässt, wird überrascht sein, wie viele Hände und Füße und praktische Fähigkeiten ihm dadurch in seinem Leben zuwachsen, weit über das hinaus, was andere und wir selbst uns zugetraut haben. Der vergessene deutsche Philosoph Hans Vaihinger brachte den Kerngedanken seiner »Philosophie des Als-ob« so auf den Punkt: »An positive Gestaltungsmöglichkeiten nicht zu glauben, ist schlicht Dummheit.« Am Anfang waren beim Kind nicht Angst und Apathie, sondern Neugier und der spielerische Glaube, dass man die Aufgabe, die gerade vor einem liegt, durch Nachahmung und beharrliches Versuchen lernen und meistern kann. Und Demosthenes war immer davon überzeugt, dass er trotz Stotterns ein großer Redner werden kann. Am Anfang war die Erkenntnis, dass alles Mögliche einmal unmöglich war.

Wer aus seinem Herzen heraus das Bedürfnis verspürt, für irgendein Problem eine bessere Antwort zu finden als die, die er bisher gefunden hat, und wer sich bei diesem Bedürfnis nicht durch besserwisserische Unwissende abhalten lässt, wer einfach immer weitersucht und weiterdenkt, der entdeckt einen Irrtum nach dem anderen zu der Frage, was angeblich nicht geht. Solange kein Mensch es zuließ, die Erde als Kugel zu denken anstatt als Scheibe, konnte niemand die Realität der Erde als Kugel entdecken. Wir sollten als Menschen nicht nur *wiss*begierig sein gegenüber dem, was andere als Wissen angesammelt und generiert haben, sondern *entdeckungs*begierig. Wir sollten uns immer wieder selbst und gegenseitig ermutigen, die bisherigen Grenzen unseres Denkens und Erfindens und Kreierens und Umsetzens zu hinterfragen. Sinnvolle richtige Ziele und simple offene Fragen sind oft die erstaunlichsten Türöffner.

Die in jüngerer Zeit geschaffene weite Welt sozialer Innovationen kann uns überreich mit Mut versorgen, selbst damit anzufangen, »unlimited« nach besseren Lösungen für uns selbst wie für andere zu suchen. Die erstaunlichste Entdeckung bei sozialen Innovationen ist, dass sie im Kern verblüffend einfach sind. Für ihr Aufspüren sind nicht mehr erforderlich als gesunder Menschenverstand und beharrliches Suchen und Nachdenken. Das Gleiche gilt für »persönliche Innovationen«, also für die Entdeckung innovativer Wege für die eigene persönliche Weiterentwicklung. Auch hier gilt: unabhängiges Nachdenken mit gesundem Menschenverstand und Entdeckungsreisen in die Denk- und Fühlwelten anderer Menschen und beides mit unbeirrbarer Beharrlichkeit.

Noch in einer weiteren Hinsicht sollten wir uns »unlimitierter« aufstellen. Wir sollten uns nicht länger nur als Angestellte, als Naturwissenschaftler, als Ökonom, als Theoretiker, als Praktiker, als Künstler, als Verwalter, als Aktivist oder was auch immer unsere derzeitige Zwischenstation ist, sehen. Wenn wir ein Ökonom sind und zusätzlich ein engagierter Aktivist für Armutsüberwindung werden, können wir vielleicht als Erster funktionierende Kleinkreditinstitute schaffen, um Ärmsten den Zugang zu selbstständig machenden Kleinkrediten zu eröffnen, und können zusätzlich die bahnbrechende Idee von Social Business entwickeln. Wenn wir Musiker sind und uns plötzlich für systemisches Denken interessieren, das von großen Naturwissenschaftlern vorgedacht wurde, dann können wir vielleicht besser als diese systemisches Denken an eine breitere Öffentlichkeit vermitteln aufgrund unserer musikalischen Intuition für das konzerthafte Zusammenspiel unterschiedlichster Instrumente und Klänge. Wenn wir Naturwissenschaftler sind und irgendwann anfangen, uns für philosophische Grundfragen zu interessieren, bereichern wir die Welt der Philosophie vielleicht plötzlich um gänzlich neue Aspekte und eine gänzlich andere Sprache. Wenn wir Forschungsarbeit gelernt haben und plötzlich durch unser ganz »normales« sonstiges Leben mit pädagogischen Fragen konfrontiert und empathisch verbunden sind, entwickeln wir vielleicht das bisher innovativste Bildungssystem der Welt. Und wenn wir Investmentbanker sind und uns ebenfalls plötzlich von pädagogischen Defiziten in unserem persönlichen Umfeld angesprochen fühlen, werden wir vielleicht zum erfolgreichsten Mathematiklehrer der Welt und kreieren nebenbei das weltweit motivierendste Konzept für digitales Lernen.

Die hier angesprochenen »Karrierebrüche«, die genau genommen wunderbare Karrieredurchbrüche in neue Dimensionen für das Leben dieser Menschen waren, betreffen Persönlichkeiten, die weltberühmt wurden. Das beschriebene Phänomen bezieht sich jedoch keineswegs auf eine kleine, überschaubare Personengruppe. Wikipedia führte dazu, dass völlig unterschiedliche Menschen plötzlich zu Lexikaschreibern wurden und sich dabei immer weiter verbessern. Die Welt ist voll von ungeschriebenen Geschichten des Wechsels von einer Profession in eine zweite, manchmal auch in mehrere weitere.

Wir alle können und sollten uns auf mehrere Lebensaufgaben einlassen. Warum? Weil uns eine solche Haltung zu erstaunlichen Erfahrungen über unsere Potenziale führt. Durch »grenzüberschreitende« Zweit- oder Drittinteressen und -biografien erleben wir einen Effekt, den die Kreativitätsforschung analysiert hat: Wer mit seinen Denkweisen und entwickelten Kompetenzen aus einem Lebensfeld in ein anderes Themen- oder Lebensfeld wechselt, nimmt automatisch die zuerst erworbenen Muster und Fähigkeiten mit und bringt sie im neuen Feld ein. Wir lernen die im neuen Feld neuen Muster und neuen erforderlichen Kompetenzen und kombinieren sie unwillkürlich mit den mitgebrachten. Dadurch sind Quereinsteiger sehr oft die Kreativeren als jene, die nur in einem Feld gelernt und gelebt haben.

Im Vergleich zu früheren Generationen »leben« wir heute nicht nur *ein* Leben, sondern ein Vielfaches an Lebenszeit und Lebensintensität. Warum drei, fünf oder zehn Leben lang immer dieselbe eine Biografie? Multidimensionale Biografien sind unvergleichlich reizvoller und reicher.

Das Universum menschlicher Potenziale

Sind die menschlichen Potenziale unbegrenzt? Ganz sicher nicht. Aber weiß irgendjemand, wo deren Grenzen sind? Ganz sicher ebenfalls nicht. Wenn wir uns auf Details einlassen wollten, müssten wir die Menschheitsgeschichte als Geschichte der milliardenfachen kreativen Zerstörung von Fehlurteilen beschreiben, was angeblich so alles unmöglich sei. Der österreichische Ökonom Joseph Schumpeter bezeichnete die Geschichte der Ökonomie als »kreative Zerstörung« der jeweils gegenwärtigen technischen Errungenschaften und Geschäftsmodelle. Diesen Ansatz müssen wir auf unsere persönliche Entwicklung wie auf die menschheitliche Entwicklung ausweiten und anwenden. Die besten »kreativen Zerstörungsinstrumente« sind dabei der Wechsel von der Ich-Orientierung zur Wir-Orientierung, die Erweiterung der Ich-Qualitäten zu den in diesem Buch angesprochenen Wir-Qualitäten. Das Geheimnis des zeitgemäßen Denkens und Wirkens und der Erschließung völlig neuer Dimensionen menschlicher Potenziale liegt in der DNA von WeQ: kooperative Prozessorientierung und Gemeinwohlorientierung.

Wie schon erwähnt: Durch die Verbindung von technologischen und digitalen mit sozialen Innovationen werden wir zu Mitdenkern und Aktiven in einer globalen Zivilgesellschaft, zu Teamarbeitern in immer mehr global vernetzten Teams, zu Design Thinkern, die in Teams neue soziale und sonstige Innovationen erarbeiten, zu Co-Creatoren neuer Geschäftsmodelle, zu Prosumenten, die mit der aufkommenden Welt von 3-D-Druckern nicht nur Konsumenten, sondern gleichzeitig auch Produzenten von allen möglichen Dingen werden, und zu sehr vielem mehr. Wir werden eine sehr viel aktivere Rolle im Leben spielen, als wir uns dies bisher zugetraut haben. Wir werden diesen Wechsel in dem Maße vollziehen, wie wir es wagen, Abschied zu nehmen von der uns vertrauten Ich-Kultur und einzusteigen in die WeQ-Welt und die damit verbundene WeQ-Kultur.

Die WeQ-Welt ist keine elitäre Veranstaltung. *Jeder* Mensch kann den Umstieg und Einstieg lernen. Und je schneller sich jeder von uns kollaborativ und gemeinwohlorientiert neu erfindet, desto schneller und kraftvoller tritt eine weitere Dimension der neuen menschlichen Potenzialentfaltung zutage.

7,5-milliardenfache Potenzialentfaltung

Das Welteinkommen hat sich im Laufe der letzten 100 Jahre um den Faktor 16 erhöht. Nachdem sich die Weltbevölkerung im gleichen Zeitraum um den Faktor 4 erhöht hat, verbleibt immer noch eine Erhöhung des Durchschnittseinkommens pro Erdenbürger, kaufkraftbereinigt, um den Faktor 4. Doch die Einkommensunterschiede sind immens. Während das durchschnittliche Jahreseinkommen in Luxemburg bei über 80 000 Euro liegt, in Monaco sogar über 165 000 Euro, kommt der Kongo im Herzen Afrikas auf ganze 540 Euro. Und dies ist ein Vergleich der Durchschnittseinkommen. Würden die reichsten 85 Erdenbürger in einem winzigen Dörfchen zusammenleben, würden sie über mehr Vermögen verfügen als die untere Hälfte der Menschheit. Das entspricht einer Vermögensdifferenz von etwa eins zu vierzig Millionen, der halben Einwohnerzahl Deutschlands. Wir sind derzeit Lichtjahre von vergleichbaren Potenzialentfaltungschancen entfernt. Unter diesen Vorzeichen klingt ein Begriff wie »Wettbewerb« nur noch zynisch. Ein solcher »Wettbewerb« entspricht einer Disziplin, in der ein Beinamputierter gegen einen Piloten in seinem Ultraschalljet antritt.

Wie kommen wir aus unseren gegenwärtigen Mechanismen so heraus, dass sich am Ende nicht nur wenige, sondern *alle* Menschen erheblich reicher fühlen? Wir kommen einer Antwort auf diese für manche Ohren vielleicht weltfremd klingende Frage näher, wenn wir die Frage etwas anders stellen: Wie sähe eine Welt aus, in der wir umfassende Potenzialentfaltung für alle siebeneinhalb Milliarden Erdenbürger zum gemeinsamen Ziel erheben?

Für die Menschen, die bereits in einem kooperations- und gemeinwohlorientierten Modus unterwegs sind, ist dieser Modus längst das neue Grundverständnis von wirklich relevantem Reichtum. Ab einem subjektiv zwar unterschiedlichen, aber nicht maßlosen materiellen Wohlstand werden zu einseitig materielle Zuwächse eher als Wohl-Stillstand erlebt. Echtes Wohlfühlen und Wohl-Sein wachsen anders – jenseits von Ich-Kultur, diesseits von Wir-Kultur, diesseits von wachsenden WeQ-Kompetenzen und wachsender umfassender Potenzialentfaltung. Damit soll keineswegs einem Stillstand an materieller Front das Wort geredet werden. Viele, sehr viele Menschen auf diesem Planeten brauchen definitiv auch in materieller Hinsicht erhebliches Wachstum. Aber auch Bürger, die mit ihrer materiellen Lage relativ zufrieden sind, werden gerne weiterhin neue materielle Errungenschaften nutzen wollen, wenn diese sich immer mehr auch den Kriterien umfassender Nachhaltigkeit nähern.

In den Communitys, für die WeQ bereits tatsächlich mehr als IQ bedeutet, wächst das eigene wie kollektive Wohl-Sein-Niveau vor allem mit folgenden Erfolgserlebnissen:

- wenn die nähere und möglichst auch die ferne Umgebung Fortschritte in Richtung Nachhaltigkeit erlebt,
- wenn man selbst und in seinen relevanten Arbeits- und Freizeitgruppen lernt, mehr für- und miteinander statt gegeneinander zu arbeiten,
- wenn Achtsamkeit, Empathie und gleiche Augenhöhe in den eigenen sozialen Kontexten wachsen,
- wenn man immer mehr soziale und ökologische Innovationen in seinen Lebensalltag einbauen kann,
- wenn man partizipativ dazu beitragen kann, dass die Welt der sozialen und ökologischen Innovationen und der WeQ-Trends gestärkt wird und dadurch die Welt schrittweise nachhaltiger und humaner wird.

Was bedeutet Potenzialentfaltung jedoch für jenen Teil der Menschheit, der von den grundlegendsten materiellen Voraussetzungen einer solchen Lebensperspektive schlicht abgeschnitten ist und in täglichen Überlebenskämpfen verharrt? Wir sprechen schließlich von etwa der Hälfte der Menschheit.

Dort muss aufholende, aus diesen Verhältnissen herausholende Entwicklung stattfinden. Und zwar sehr schnell, äußerst beherzt, mit allerhöchster globaler Priorität in allen Sektoren,

Bereichen und Organisationen der Welt. Und mit einer höchst motivierten und ungeduldigen globalen Zivilgesellschaft als Antreiber und kreative sozialinnovative Speerspitze. Und nicht zuletzt mit klaren Argumenten: Die drei bis vier Milliarden Menschen, die durch konzentrierte gemeinsame Anstrengung vom Status der ausweglosen Hoffnungslosigkeit in den Status hoffnungsvoller Potenzialentfaltung geholt werden, werden *der Menschheit in ihrer Gesamtheit* weitaus mehr Frieden, mehr Nachhaltigkeit, mehr Innovationskraft und mehr transmateriellen wie auch materiellen Reichtum bescheren, als jede andere denkbare Maßnahme dies leisten könnte. Einzige Bedingung ist: Wir erkennen deren Entwicklung als das wertvollste brachliegende Potenzial der Menschheit, und wir lassen ihre Entwicklung zu und fördern sie.

Es gibt keinen einzigen Grund, weshalb das menschliche Potenzial in den bisher »unterentwickelten« Ländern geringer sein sollte als in den »entwickelteren«. Eher im Gegenteil: Die erste Investition, die die mehr als acht Millionen kleinkreditnehmenden Grameen-Frauen von dem ersten übriggebliebenen Geld aus ihrer unternehmerischen Tätigkeit vornehmen, ist die Investition in die Bildung ihrer Kinder. Selbst meist noch Analphabeten, sind ihre Kinder bereits zu 100 Prozent alphabetisiert und weitaus die meisten besonders eifrige Schüler. Sehr viele von ihnen absolvieren ein Studium und schneiden auch dort weit überdurchschnittlich ab. In einer Generation geht der Weg vom Analphabetismus zur motiviertesten Bildungselite im Land.

In China, einem auf andere Weise aufholenden Land, ist es nicht anders. Auch wenn in den bisherigen Armutsschichten Bildung noch zu einseitig mit Pauken gleichgesetzt wird, führt der Lerneifer zu abenteuerlich tief greifenden gesellschaftlichen Veränderungen. War die erste Generation der mehr als 300 Millionen Chinesen, die in den letzten zwanzig Jahren aus bitterster Armut herauswuchsen, noch in sehr prekären Arbeitsbedingungen gefangen, machen inzwischen jährlich mehr als eine Million ihrer Kinder Hochschulabschlüsse vor allem in den Bereichen Ingenieurswesen und Wirtschaft. In der nächsten Generation werden gut ausgebildete und hoch motivierte Spitzenkräfte sehr nahe am westlichen Spitzenniveau sein. Und die Ambition geht dort bereits in die nächste Stufe: An der Universität Peking läuft ein Pilotprojekt mit Design Thinking. Wird dies die für China richtige Form gefunden haben, überlegt man schon jetzt, Design Thinking zur Grundausbildung für alle Studenten in diesem Land zu machen. China will zum modernsten und kreativsten Forschungslabor der Welt werden.

Die Motivationskraft aufholender Entwicklung kennen wir auch aus dem Deutschland der Nachkriegszeit. Wir wissen, was dies freisetzen kann. Wo Potenzialentfaltung als hoffnungsstiftende Perspektive auftaucht, setzt sie sehr starke Kräfte frei. Als Malaysia sich auf den Weg machte, dauerte es keine zwei Generationen, bis aus einem Land ohne Hochschule und selbst ohne eine einzige Schule, an der man eine Hochschulreife erwerben konnte, eines der dynamischsten Länder mit mehreren Spitzentechnologieclustern wurde. Im Irak und Iran ab den 1970er-Jahren begaben sich die besten Jugendlichen ins westliche Exil, weil es in ihren Ländern zu wenig Entfaltungsspielraum gab. Als die USA Anfang des neuen Jahrtausends feststellen wollten, welchen Migrationshintergrund ihre besten Studenten haben, gab es eine große Überraschung: Ausgerechnet jene aus den damaligen

Hauptfeindesländern Irak und Iran waren es, die vor deren autoritären Regimen in die USA geflohen waren. Indien konzentrierte sich auf IT-Entwicklung – und stellt heute die meisten IT-Spitzenkräfte der Welt. Brasilien bringt besonders viele soziale Innovatoren hervor – und schuf die erste formelle Börse für sozialinnovative Projekte in der Welt.

Wo eine bestimmte Entwicklung notwendig ist, macht Not wendig, sobald sich dafür die geringsten Chancen und Perspektiven eröffnen. Derzeit verbreitet sich in Notgebieten der Welt sehr schnell die Kunde: Zugang zu technologischen und digitalen Innovationen erfahren durch das Aufblühen einer Kultur sozialer Innovationen eine erhebliche Umsetzungsbeschleunigung. Soziale Innovationen wirken sich als die besten und wertvollsten Entwicklungsbeschleuniger für eine nachholende Entwicklung der bisher Unterprivilegierten aus. Soziale Innovationen tragen auch eine andere DNA in sich als eine zu einseitige Orientierung auf technologische und digitale Entwicklung. In ihnen sind deutlich mehr Gemeinwohl-, Kooperations- und Nachhaltigkeitsgene angelegt. Daher generieren sie eine andere Wohlstandsperspektive als unsere viel zu materiell geratene und können zu den wertvollsten Changemakern in Richtung einer WeQ-Kultur werden.

Wenn sich die bisher untere Hälfte der Menschheit auf den Weg der Potenzialentfaltung in möglichst starkem WeQ-Modus macht, gewinnen wir gemeinsam die Perspektive zu einem weltweit neuen Wohlseins- statt altem Wohlstandsverständnis. Darüber hinaus hat eine solche Entwicklung viele erfreuliche Nebenwirkungen: Die Gründe für massenhafte Fluchtbewegungen verschwinden. Die Perspektive auf ein besseres Leben wirkt friedensstiftend. Und wenn wir in den traditionellen Industrieländern verstehen lernen, dass eine aufholende Entwicklung der globalen Unterschicht keine Bedrohung für unseren Wohlstand und auch nicht für das Wohl des Ökosystems Erde bedeuten muss, fördert dies eine globale Kooperationsbereitschaft gänzlich neuer Qualität.

Letztlich brauchen wir eine Kultur 7,5-milliardenfacher Potenzialentfaltung, die möglichst schnell und umfassend die gesamte Menschheit einschließt und die möglichst gut und umfassend die neuen Wohlseinsperspektiven eines Kulturwandels von einer einseitigen Ich- zu einer systemisch-ganzheitlicheren Wir-Kultur versteht. Die individuelle und kollektive Potenzialentfaltung unter den Vorzeichen einer WeQ-Kultur und die daraus hervorwachsenden Wohlseinsperspektiven werden eine noch unvorstellbar viel reichere Welt hervorbringen, aber eine Welt in nachhaltigen, sinnorientierten und sozial viel besser balancierten Formen von Reichtum. Verlustängste sind auf diesem Weg in eine WeQ-Zukunft völlig überflüssig. Dasselbe gilt auch für Ängste, die entstehen, weil der Umbau zu einem nachhaltigen Leben und Wirtschaften nicht schnell und umfassend genug zu leisten sei. Bei der derzeitigen Dynamik der Verbreitung von Solarenergie in Bangladesch wird dieses Land bereits in wenigen Jahren zu 100 Prozent auf erneuerbare Energien umgestellt sein. Ähnlich handfeste realistische radikale ökologische Wenden gerade mit und in aufholenden Ländern würden eigene dicke Bücher füllen.

Think-and-Do-Tank für WeQ

Strategien für den gesellschaftlichen Wandel

Sehr vielfältige und immer mehr kreative Communitys sind bereits im WeQ-Denk- und Handlungsmodus unterwegs. WeQ hat das Potenzial, sich zu einer ebenso großen und bedeutenden Bewegung zu entwickeln wie die Umweltbewegung. Dies zu erreichen ist eine der anstehenden Aufgaben. Eine zweite ist die Generierung einer Infrastruktur, eines weltumspannenden Ökosystems der wechselseitigen Förderung aller Menschen und Einrichtungen, die mitmachen möchten beim WeQ-Kulturwandel. Um diese Aufgaben voranzubringen, haben sich die WeQ-Initiatoren zusammengetan. Jeder hat sich seine eigenen Baustellen ausgesucht, so auch das Genisis Institute. Die Arbeit des Genisis Institute in diesem Feld ist Thema dieses Kapitels. Das Denken und Wirken der anderen WeQ-Initiatoren wird in den nachfolgenden Beiträgen dargestellt. Den Abschluss bildet das wichtigste Kapitel: die Einladung an jeden Leser und an jeden Bürger, für sich seinen eigenen Platz zu finden.

Das Genisis Institute versteht sich seit seiner Gründung 2008 als Think-and-Do-Tank. Es will frühzeitig wert- und hoffnungsvolle neue Entwicklungen in der Weltgesellschaft erkennen und bekannt machen, und es will Mitverantwortung dafür übernehmen, dass die notwendige Infrastruktur zu deren gesellschaftlichem Durchbruch entsteht. In diesem Sinne war Genisis bisher für drei große Ideen unterwegs: für Social Business, für Social Innovation und darunter insbesondere für Bildungsinnovationen.

Genisis nutzte für die Generierung möglichst starker öffentlicher Wahrnehmung dieser Zukunftstrends und möglichst starker Vernetzung der dazu entstehenden Communitys sowie der Gewinnung neuer Mitwirkender sein eigens hierfür entwickeltes Konferenzformat Vision Summit. Gleichzeitig bemühte sich Genisis, in Zusammenarbeit mit geeigneten Partnern wichtige Infrastrukturprojekte für diese Trends zu initiieren und auf den Weg der Umsetzung zu bringen. Die in diesem Buch angesprochenen Aktivitäten von David Diallo und Marianne Obermüller, beide auch Mitgründer von Genisis, sind Beispiele hierfür. Die aus Genisis hervorgegangenen Aktivitätsfelder kann man unter den Stichworten Agenda Setting, New Media World, New Event World und Change Agencies zusammenfassen.

Dies sind auch die Aktivitätsfelder von Genisis im Kontext des neuen identifizierten Megatrends WeQ. Nachfolgend sind einige Initiativen kurz skizziert, die sich das Genisis Institute in diesem Kontext vorgenommen hat.

Als neuer zusätzlicher Schwerpunkt kam gegenüber der bisherigen Arbeit hinzu: soziale Innovationen auch im Sinne von *gesellschaftspolitischen Innovationen* zu denken und dementsprechend als *gesellschaftspolitische Initiativen* auf den Weg zu bringen. An vier Beispielen sei diese zusätzliche Dimension erläutert. Alle damit verbundenen Initiativen sind konsequent jenseits von parteipolitischen Erwägungen gedacht. Die WeQ-

Denkweise erfordert grundsätzlich ein Inklusionsdenken und ein Gewinnen möglichst aller gesellschaftlichen Strömungen für ein neues Denken und Handeln in einer neuen WeQ-Kultur.

Innovation 4.0 statt Industrie 4.0 – Eine neue Innovationskultur

Die Notwendigkeit, soziale Innovationen auf gleicher gesellschaftlicher Bedeutungsebene mit technologischen und digitalen Innovationen zu sehen, wurde hinlänglich begründet. Auch wenn sich diese Erkenntnis erfreulich dynamisch verbreitet, so bleibt gesellschaftspolitisch noch einiges zu tun.

Vor allem zwei Sektoren müssen für die Erkenntnis der Bedeutung sozialer Innovationen gewonnen werden, bevor sie die wünschenswerte gesamtgesellschaftliche Gestaltungskraft und insbesondere auch die dafür notwendige noch viel offensivere politische Unterstützung erlangen können.

Der eine Sektor ist der Wohlfahrtsbereich. Hier scheint die anfängliche Skepsis, dass soziale Innovatoren die bisherigen Wohlfahrtsorganisationen möglicherweise in ihrer Existenz gefährden würden, der Erkenntnis zu weichen, dass sie in der Tat eine deutlich lebendigere soziale Innovationskultur wiederentwickeln müssen und es sehr viele sinnvolle und kluge Kooperationsmöglichkeiten zwischen Wohlfahrtsorganisationen und unabhängigen sozialen Innovatoren geben kann. Die Entwicklung scheint hier auf dem richtigen Weg zu sein.

Für den Sektor Wirtschaft ist die Lage anders. Obwohl sich auch hier die Erkenntnis über den Wert sozialer Innovationen schrittweise durchsetzt, gilt die Sorge vieler Unternehmen derzeit vor allem dem offensichtlich zwingenden Bedarf des Aufholens im Bereich digitaler Innovationen. Die technologische Spitzenstellung europäischer und insbesondere deutscher Unternehmen ist durch die immer größer werdende Bedeutung digitaler Innovationen gefährdet. Nachdem inzwischen selbst die größten und stärksten Technologieunternehmen in ihren Märkten durch IT-Unternehmen attackiert werden, wie beispielsweise die Automobilindustrie durch Google Car, entwickelten Politik und Wirtschaft in Deutschland gemeinsam eine Gegenstrategie, die unter dem Titel »Industrie 4.0« die Agenden nahezu aller Wirtschafts- und Zukunftskonferenzen stürmt. »Industrie 4.0« wurde erstmals bei der Hannover Messe 2011 in die Öffentlichkeit getragen und ist inzwischen das wichtigste Zukunftsprojekt im Bereich der Hightechstrategie der deutschen Bundesregierung und Industrie. Technologische Grundlage ist das »Internet der Dinge« mit dem Ziel der Informatisierung der Fertigungstechniken in Richtung »Smart Factories«, also in Richtung von Unternehmen, die in der Lage sind, Informationen aus der Kundenwelt sowie allen anderen Sektoren wie von Geschäftspartnern, Politik, engagierter Zivilgesellschaft etc. möglichst unmittelbar in ihre Fertigungsstrategien und -prozessen einfließen zu lassen.

So verständlich dieser Fokus des aktuellen Nachdenkens in der europäischen Wirtschaft und Politik ist, so sehr gilt jedoch, dass dieser zu kurz greift und damit auch deren eigene Zielsetzung torpediert.

Soziale Innovationen in Unternehmen gehören heute zwingend in jegliche Zukunftsstrategie. Sie sind nicht nur bedeutend für die Erschließung von »Emerging Markets«, insbesondere von den neuen Märkten an der Schwelle aus der Armutszone, wie das bereits beschriebene Beispiel der Kombination der technologischen Innovation von Solarzellen und der sozialen Innovation von Mikrokrediten zeigt. Soziale Innovationen in der Beziehung zwischen Unternehmen und ihren Mitarbeitern entscheiden heute ebenso stark über die Zukunftsfähigkeit von Unternehmen. Soziale Innovationen durchdringen und verändern die Wirtschaftswelt absehbar mindestens genauso stark wie digitale Innovationen. Die als Nächstes beschriebene gesellschaftspolitische WeQ-Initiative zu den »WeComs« macht dies an einem weiteren zentralen Beispiel deutlich.

Die zwingende Erkenntnis gleicher Zukunftsrelevanz von technologischen, digitalen und sozialen Innovationen hatte, unabhängig von Genisis, zur gleichen Zeit auch die im Sommer 2015 gegründete »Zukunftsallianz Arbeit und Gesellschaft« (ZAAG), ein breites cross-sektorales Bündnis aus Wirtschaft, Zivilgesellschaft und Bildung für eine Zukunft von Arbeit und Gesellschaft, die den Menschen in den Mittelpunkt ihrer Überlegungen stellt. Die ZAAG wurde insbesondere von Thomas Sattelberger initiiert, der sich als Personalverantwortlicher in vier deutschen Dax-Unternehmen wie kein anderer als Vordenker von sozialen Innovationen im Bereich Human Ressources hervortat.

Genisis und ZAAG arbeiten daher derzeit gemeinsam an einer Initiative, die den zu eng gefassten Begriff von »Industrie 4.0« erweitert um die Dimension der dritten Innovationssäule sozialer Innovationen und diese integriert in ein alle drei Dimensionen zusammenführendes neues Innovationsverständnis. Sie gaben dieser neuen, umfassenderen Initiative den Begriff

»Innovation 4.0« und wollen diesen 2016 öffentlichkeitswirksam positionieren. Ziel ist eine gesamtgesellschaftliche Diskussion über eine integrierende neue Innovationskultur. Als ein mögliches Instrument für dieses Ziel könnte ein gemeinsam gestartetes neues Konferenzformat dienen.

WeComs – Genossenschaften 2.0 als Unternehmensform der Zukunft

Die Szenen sozialer wie auch digitaler Innovationen haben in jüngerer Zeit zu einer immer stärker werdenden Renaissance der Genossenschaftsidee geführt. Was sind die Gründe hierfür?

Soziale Innovationen sind in ihren Zielsetzungen und ihrem Geist der Genossenschaftsidee sehr nahe. Der internationale Genossenschaftsbund ICA (International Co-operative Alliance) beschreibt Genossenschaften (engl. »co-operatives«) wie folgt: »Eine Genossenschaft ist eine autonome Gesellschaft von Personen, die sich freiwillig zur Durchsetzung gemeinsamer ökonomischer, sozialer und kultureller Bedürfnisse und Ziele zu einer Unternehmung in gemeinschaftlichem Besitz und unter demokratischer Verwaltung zusammengeschlossen haben … (Sie) sind auf Werte der Selbsthilfe, Selbstverantwortung, Demokratie, Gleichheit, Billigkeit und Solidarität aufgebaut … Ihre Mitglieder glauben an die ethischen Werte Ehrlichkeit, Offenheit, Sozialverantwortung und Interesse an anderen Menschen.« Diese Wertvorstellungen decken sich wohl uneingeschränkt mit jenen der Sozialinnovatorenszene. Deshalb liegt es nahe, dass immer mehr soziale Innovatoren ihre Unternehmensgründungen in Form von Genossenschaften vornehmen. Die Möglichkeit, sozialinnovative Ideen über genossenschaftlich organisierte Communitys aufzustellen und auf diesem Weg besonders leicht und schnell zu skalieren, trug ferner dazu bei, dass digital-soziale Innovationen der Genossenschaftsidee völlig neue Szenen zuführen.

Ein zweites Beschleunigungsmoment für die Wiederbelebung des Genossenschaftsgedankens erklärt sich aus einer Beobachtung von Jeremy Rifkin, die er in seinem jüngsten Buch »Die Null-Grenzkosten-Gesellschaft« über die augenblickliche Wandlung der Weltwirtschaft anstellte: Durch die immer schnelleren Phasen radikaler technologischer Innovationen und die diesen Prozess noch einmal beschleunigenden digitalen Innovationen reduzieren sich die Grenzkosten für immer mehr Produkte und Dienstleistungen mit immer größerer Geschwindigkeit – und zwar in Richtung »null Grenzkosten«. Dadurch können immer mehr Menschen und Menschengruppen immer leichter zu Produzenten werden. Diese organisieren sich zu offenen »Collaborative Commons«, einer Art Vorstufe von Genossenschaften.

Die durch den harten Innovationswettbewerb im Kapitalismus systemisch bedingte permanente Reduzierung der Grenzkosten führt irgendwann dazu, dass sich eine andere Voraussetzung des Kapitalismus ebenfalls systemimmanent immer weiter reduziert: die Gewinnmargen. Dieser Prozess kann temporär kompensiert werden durch Globalisierungs- und Monopolisierungseffekte von Unternehmen, die es verstehen, diese Vorteile für sich zu nutzen. In immer mehr Produktions- und Dienstleistungsbereichen verliert sich dieser Effekt in dem Maße, wie sich Collaborative Commons in Bereichen wirtschaftlich organisieren, in denen die Grenzkosten nahe null sind. Jeremy Rifkin kommt angesichts dieser sich bereits immer stärker zeigenden Tendenzen zu der kühnen These, dass bis 2050 bereits die Hälfte der Weltwirtschaft durch Collaborative Commons bestimmt sein wird – in Verbindung mit genossenschaftlichen und genossenschaftsähnlichen Wirtschaftsformen:

»Ein neues Wirtschaftssystem – die Collaborative Commons – betritt die ökonomische Weltbühne. Sie sind das erste neue ökonomische Paradigma seit dem Aufkommen von Kapitalismus und Sozialismus im frühen 19. Jahrhundert, das tatsächlich Wurzeln zu fassen vermag. Und sie bringen einen grundlegenden Wandel in der Organisation unseres Wirtschaftslebens, der sowohl die Möglichkeit einer drastischen Verringerung der Einkommenskluft als auch einer Demokratisierung der Weltwirtschaft und die Chance zum Aufbau einer ökologisch nachhaltigen Gesellschaft in Aussicht stellt … Genossenschaften sind das einzige Geschäftsmodell, das bei einer Nahezu-null-Grenzkosten-Gesellschaft noch funktioniert.«

Trotzdem sagt Rifkin damit nicht das Ende des Kapitalismus voraus. Er sieht Bereiche, in denen auch in 50 oder 100 Jahren kapitalverzinsende Unternehmensformen nicht durch Collaborative Commons und Genossenschaften abgelöst werden, und er sieht viele sehr sinnvolle Optionen der Zusammenarbeit zwischen beiden Unternehmens- und Wirtschaftsformen.

Das heute bereits vorhandene wirtschaftliche und gesellschaftliche Gewicht von Genossenschaften wird meist weit unterschätzt. Laut ICA verdienen nicht weniger als 250 Millionen Menschen weltweit ihr Einkommen in Genossenschaften, und annähernd 1,5 Milliarden Menschen sind in Genossenschaften organisiert. In den USA und in Deutschland ist jeder vierte Bürger Mitglied einer Genossenschaft, in Japan jeder Dritte und in Kanada und Frankreich mehr als jeder Zweite. In Indien und China gehören jeweils rund 400 Millionen Menschen Genossenschaften an. Auch in traditionellen Bereichen genossenschaftlicher Organisationsformen wie Landwirtschaft und Bankwesen nehmen Ansehen und Umsätze von Genossenschaften seit einigen Jahren wieder deutlich zu. Genossenschaftliche Banken kamen wesentlich besser durch die letzte globale Finanzkrise 2008. In Deutschland decken sie derzeit 32 Prozent des Finanzsektors ab und sind damit bereits größer als der Privatbankensektor mit Deutscher Bank oder Commerzbank etc.

Sehr weite Wirtschaftsbereiche werden aber in den kommenden Jahren mit genossenschaftlichen Organisationsformen dazustoßen. Ein großer Bereich wird aus dem Feld der sogenannten Sharing Economy kommen. Derzeit wird Sharing Economy in der öffentlichen Wahrnehmung noch mit Unternehmen wie Uber oder Airbnb verbunden. Die Kernideen, die ihren Geschäftsmodellen zugrunde liegen, sind zwar soziale Innovationen, die wirtschaftliche Form der Umsetzung ist jedoch reiner gewinnmaximierender Finanzkapitalismus. Diese Geschäftsmodelle können nur so lange funktionieren, wie sie nicht von Genossenschaften kopiert und umgesetzt werden. Und sie sind sehr leicht zu kopieren. Genossenschaften werden sehr schnell sehr viel besseres Vertrauen gewinnen. Sie brauchen geringere Renditen. Und solche Genossenschaften gibt es bereits an immer mehr Orten und sie verdrängen die finanzkapitalistische Konkurrenz. Couchsurfing, der größte Konkurrent von Airbnb bei der temporären Vermietung von privatem Wohnraum als Hotelalternative, wuchs bis 2011 auf 5,5 Millionen Mitglieder. Im selben Jahr wurde dieses Unternehmen dann privatisiert, was dessen Wachstum eher verlangsamte und dadurch den Beleg lieferte, dass finanzkapitalistische Modelle im Bereich der Sharing Economy nicht der beste Erfolgsgarant sind. Die entbrannte öffentliche Kritik an Uber, Airbnb und Co. eröffnet genossenschaftlichen Ansätzen zusätzlich besonders gute Entwicklungschancen.

Das Beispiel der Energiewerke Schönau (EWS) zeigt die Entwicklungspotenziale von Energiegenossenschaften in einem der traditionell größten Sektoren der Wirtschaft, der Energiewirtschaft. Deren Modell, Genossenschaften zu organisieren, über die ausschließlich erneuerbare Energieformen unterstützt und bezogen werden, fürchten inzwischen selbst die Energiegiganten als sehr ernsthafte und sogar existenzbedrohende Konkurrenz. Je günstiger erneuerbare Energieformen werden, desto mehr verstärkt sich der Trend zu genossenschaftlichen Modellen. Allein in Deutschland gibt es bereits mehr als 900 Energiegenossenschaften. Weltweit setzt sich der Trend zu Energiegenossenschaften durch, und zwar sowohl in traditionellen Industriegesellschaften als auch in Schwellen- und Entwicklungsländern.

Das Genisis Institute ergriff die Initiative zu einer öffentlichen Diskussion über die gesellschaftlichen Emanzipationschancen und die wirtschaftlichen Perspektiven von »Genossenschaften 2.0«. Ziel ist zum Ersten, das Verständnis für die neuen genossenschaftlichen Trends aus dem Feld der sozialen und digitalen Innovatoren zu vertiefen, und zum Zweiten, die Verbindung zwischen den bisherigen und den neuen genossenschaftlichen Communitys herzustellen beziehungsweise zu verstärken. Und das dritte Ziel ist, das öffentliche Bewusstsein für die neuen Chancen für unsere Gesellschaft aus diesen Entwicklungen zu verstärken. Dazu gehört auch eine Auffrischung des Images von Genossenschaften angesichts ihrer Erneuerungen. Das Genisis Institute kreierte daher für das neue, weitere und modernere Spektrum von Genossenschaften den neuen Begriff »WeComs«. »WeComs« steht für Wir-orientierte Communitys, für Wir-orientierte Companies und für eine »Communication« dieser alten und neuen Unternehmensform, die deren WeQ-Orientierung hervorhebt. Gemeinsam mit dem Startpartner Spardabank München und weiteren Genossenschaften lotet Genisis zunächst aus, wo es bereits neuartige genossenschaftlich arbeitende sozialinnovative Modelle auch in unseren Landen gibt und welche Wirtschaftsbereiche für die nächsten Entwicklungen besonders dafür geeignet sind.

Mit der WeComs-Initiative fördert Genisis einen grundlegenden gesellschaftspolitischen Ansatz, der dem WeQ-Denken in seiner ganzen Anlage besonders entspricht. Wenn WeComs ferner als eine Unternehmensform und -philosophie gesehen werden, die in einer Wirtschaft mit weiten Bereichen nahe an der Null-Grenzkosten-Marke unverzichtbar und zukunftstragend sein werden, wird diese Erkenntnis einen weiteren großen Schub für sozialinnovative Projekte in unserer Gesellschaft auslösen.

Globaler Mindestlohn als globaler Wendepunkt

Bei aller gesellschaftspolitischen Wirkung, die soziale Innovationen entfalten können, und bei allen Änderungen, die ein WeQ-Kulturwandel beispielsweise in der Wirtschafts- und Arbeitswelt auslösen kann, bedarf es noch einer weiteren Ebene, in der sich

WeQ-Denke entwickeln muss: der Ebene unmittelbarer gesellschaftspolitischer Konzepte.

Der gesellschaftspolitisch engagierte Unternehmensberater Georgios Zervas, der bereits 2007 für sein Konzept für einen transparenten Welthandel mit dem Vision Award ausgezeichnet wurde, entwickelte 2015 das Konzept für einen globalen Mindestlohn. Er schlägt als weltweite Lohnuntergrenze einen Dollar Nettostundenlohn vor. Die Konsequenzen wären wahrhaft weltverändernd. Da das Konzept wettbewerbsneutral angelegt ist, also keine Wettbewerbsverzerrungen zwischen den in Konkurrenz stehenden Unternehmen erzeugt, kann dieser radikale Schritt auch von der Wirtschaft problemlos mitgetragen werden. Er bringt sowohl der Wirtschaft als auch allen Nationen und allen Gesellschaften und nicht zuletzt natürlich den betroffenen Menschen immense Vorteile. Das Genisis Institute fördert dieses Konzept, weil es in ihm die Chance zu einem wahren Quantensprung im unmenschlichsten und beschämendsten Problemfeld der Menschheit sieht: Wir können nicht ernsthaft von einer Wir-Kultur sprechen, solange mehr als ein Drittel aller Menschen in absolut unwürdigen Arbeits- und Lebensverhältnissen existieren muss.

Die erfolgreiche Einführung eines globalen Mindestlohns auf der Basis von einem Dollar Lohnuntergrenze pro Stunde würde die Einkommenssituation für Hunderte von Millionen Menschen quasi über Nacht drastisch verbessern. Für die am schlimmsten Ausgebeuteten würde sich das Monatseinkommen von etwa 60 Dollar auf 180 Dollar erhöhen, also verdreifachen. Eine Jeans, die in Bangladesch gefertigt wurde, würde sich dadurch beispielsweise bei uns im Laden von 69 auf 69,45 Euro verteuern, sofern »Mitnahmeeffekte« in der Handelskette von Bangladesch zu unseren Händlern vermieden werden können.

Eine solche Einkommensverbesserung in den Dumpinglohnregionen der Welt würde in kürzester Zeit die schlimmsten Auswüchse des modernen Arbeitssklaventums weltweit beenden. Es würde die Zahl der absolut Armen abrupt und nachhaltig auf einen Bruchteil der derzeitigen Weltlage reduzieren. Der stundenbezogene Mindestlohn würde es für Arbeitgeber nicht mehr attraktiv machen, ihre Mitarbeiter länger als etwa 40 Stunden arbeiten zu lassen. Für sie wäre es sofort viel besser, wenn mehr Menschen bei ihnen munter und motiviert 40 Stunden arbeiteten. Mitarbeiter bei fixierten Stundenlöhnen 60 oder mehr Stunden arbeiten zu lassen wäre plötzlich nicht mehr im Interesse der Arbeitgeber. Die Folge: Die Arbeit würde sich auf deutlich mehr Schultern verteilen, und dementsprechend mehr Menschen als bisher würden in Lohn und Brot kommen. Menschen mit höherem Einkommen würden ferner alles daransetzen, die Chance, aus dem Armutsteufelskreis herauszukommen, tatkräftig zu nutzen. Sie würden sich fortbilden, zusätzliche kleine Einnahmequellen für sich und ihre Familien organisieren und sich in ihren Dörfern oder städtischen Umgebungen für bessere Lebensbedingungen engagieren. Sie würden in eine bessere Bildung ihrer Kinder investieren, in Solar-Home-Systems, in die Nutzung digitaler Kommunikationssysteme und vieles mehr. Sie würden damit zu den besten Fortschrittstreibern in ihren Kommunen und in ihrem Land.

Ein globaler Mindestlohn würde zu 100 Prozent bei den Menschen ankommen, die diese Unterstützung am dringendsten brauchen und am meisten – im mehrfachen Wortsinne – »verdient« haben. Er wäre dadurch gleichzeitig das wirkungsvollste Sozialprogramm *und* das wirksamste Wirtschaftsförderprogramm – lokal und global. Die höheren Einkommen würden nahezu vollständig in den Wirtschaftskreislauf zurückfließen. Und sie würden auch die Nachfrage nach einer ganzen Reihe von Produkten aus den traditionellen Industrieländern beleben. Vor allem Produkte für dezentrale und nachhaltige Entwicklung sowie für den Zugang zu besserer Verbindung zum Weltwissen und zu weltweiter Kommunikation und Arbeitsteilung würden beflügelt.

Aber noch eine weitere tief greifende Auswirkung würde ein globaler Mindestlohn zeitigen. Er würde zahlreiche Ursachen für mehrere der schlimmsten globalen Problemherde beseitigen. Wohl die meisten Flüchtlinge, die sich heute vor der Armut und Ausweglosigkeit in ihrem Land auf den Weg Richtung Europa und anderer Wohlstandsregionen machen, würden die neue Chance auf ein besseres Leben in ihrer eigenen angestammten Region nutzen. Bei substanziell neuen Hoffnungsperspektiven würden radikale Ideologien weniger verfangen können. Und wer sich ein Solar-Home-System und andere Maßnahmen der Vermeidung direkter Folgen eigenen Verhaltens auf die naheliegende Umwelt leisten kann, wird auch für ein verstärktes Umweltbewusstsein empfänglich sein. Für all diese Thesen sprechen die Erfahrungen in Ländern wie Bangladesch mit der Wohlstandssteigerungsperspektive dank Kleinkrediten oder ähnlichen Faktoren.

Ein Report von Georgios Zervas, der in Zusammenarbeit mit dem Genisis Institute unter dem Titel »Die 1-Dollar-Revolution – Globaler Mindestlohn« erscheint, soll die Diskussion über diese Initiative eröffnen. Eine Initialkonferenz und weitere Agenda-Setting-Maßnahmen treiben sie weiter in die öffentliche Auseinandersetzung.

Die Initiative für einen globalen Mindestlohn soll ferner den Auftakt bilden, mutig und in viel größerer Breite über ähnlich radikale gesellschaftspolitische Konzepte nachzudenken – radikal in ihrer sozialinnovativen Qualität und integrativ in ihrer Vorgehensweise und Wirkung auf die derzeit noch unerträglich gespaltene Weltgesellschaft.

EduAction – Innovationen in Richtung einer Bildung als Potenzialentfaltung

Bildung ist der wichtigste Sektor in jeder Gesellschaft, denn er bestimmt die Entfaltung der menschlichen Potenziale, die dann zur Verfügung stehen. Dies gilt insbesondere in einer Zeit, in der Bildung zur letztlich einzig verbleibenden wichtigen Ressource wird. Alle anderen Ressourcen wie Bodenschätze, Energie, Kapital etc., die für den Wohlstand einer Nation oder Gesellschaft in klassischer Sicht als ebenso wichtig erachtet wurden, verlieren in einer offenen Weltgesellschaft an Bedeutung. Gebildete und kluge Menschen können sich immer leichter und immer mehr Wege ausdenken, wie man diese Engpassressourcen intelligent nutzen kann. Sie »erfinden« Ressourceneffizienz, Kreislaufwirtschaft, Nutzung dezentraler erneuerbarer Energie, Energiegenossenschaften, Crowdfunding und vieles mehr an ökologischen, digitalen und sozialen Innovationen.

Auf diesem Weg geraten Bildungsinnovationen unwillkürlich ins absolute Zentrum unserer Aufmerksamkeit. Wie können

Lernende zu möglichst selbstbewussten und selbstbestimmten Wesen von frischer, unbändiger Lernlust werden? Wie können sie sich zu offenen und kreativen Lernteams zusammenfinden, die nicht länger von Lehrplandiktaten getrieben sind, sondern von sinnvollen, lebenspraktischen und am besten kreativ-visionären Aufgaben, aus denen die Motivation zu höchsten Einzel- und Teamleistungen ganz unwillkürlich hervorwächst? Wie können wir den offenen Zugang zum Weltwissen, den ohnehin bald jeder Erdenbürger frei und kostenlos zur Verfügung haben wird, dazu nutzen, uns endlich mehr auf Umsetzungskompetenzen und auf soziale Kompetenzen zu fokussieren? Wir brauchen den Umstieg von einem einseitigen Wissensbildungs- zu einem umfassenden Kompetenzbildungssystem, zu Kompetenzen wie das (lebenslange) Lernen des Lernens, Teamkompetenz, empathische Kompetenz, unternehmerische Kompetenz, lebenspraktische Kompetenz, Visionskompetenz, systemisches Denken und so weiter.

Einige Beispiele, wie innovative Umsetzungen in diesen Bereichen aussehen, wurden bereits erwähnt. Bildung ist tatsächlich auch das Hauptfeld der sozialen Innovationen, die Ashoka bisher im deutschsprachigen Raum identifizierte. Wegen der Schlüsselrolle eines grundlegend neuen Bildungsverständnisses und der Reichhaltigkeit bereits erfolgreich umgesetzter bildungsinnovativer Ansätze widmete sich Genisis seit 2012 dem Themenschwerpunkt Bildungsinnovationen.

Unter dem Titel »EduAction – Wir machen Schule« erschien bereits im gleichen Jahr ein Buch von Margret Rasfeld, die viele als besonders innovative Schulleiterin und Bildungsveränderin sehen. Zum Jahresbeginn 2013 organisierte Genisis zusammen mit »Schule im Aufbruch« eine bundesweite Roadshow unter dem Motto »Lernlust statt Schulfrust«. Mehr als 10 000 Menschen besuchten die jeweils randvoll gefüllten Säle in elf Städten, in denen Gerald Hüther, Margret Rasfeld und zwölf Schülerinnen und Schüler darüber sprachen, wie Bildung bestens mit einem anderen, einem Potenzialentfaltungsansatz funktioniert. Diese Roadshow löste eine monatelange starke bundesweite Medienresonanz aus.

Genisis widmete ferner den Vision Summit im Jahr 2013 ganz dem Thema »EduAction – Bildung für das 21. Jahrhundert«. Diese Konferenz wurde aus dem Stand zur größten Bildungsinnovationskonferenz in Deutschland. Im Sommer 2016 wird sich daraus nun ein eigenständiges Konferenzformat, der EduAction-Bildungsgipfel, entwickeln, getragen vom Genisis Institute in Kooperation mit der Metropolregion Rhein-Neckar und gemeinsam umgesetzt mit der Ambition, diesen zur bundesweiten Leitkonferenz für Bildungsinnovationen in allen Bereichen lebenslangen Lernens aufzubauen.

In Kooperation mit der von David Diallo umgesetzten Online-Plattform goodimpact.org entsteht parallel zu diesem Konferenzformat das neue Online-Magazin für Zukunftsbildung edu-action.de. Auf dieser Seite erscheinen permanent News und Reportagen, Porträts und Storys zu frisch entwickelten oder bereits etablierten Bildungsinnovationen, begleitet und gesteuert durch unabhängige und lösungsorientierte Profijournalisten. Durch das enge Zusammenspiel von digitalem Magazin und analoger Konferenz soll eine starke Community im WeQ-Stil entstehen. Beide Tools sollen Bildungsinnovatoren, Best-Practice-Akteure, alle Akteure in allen Bildungseinrichtungen, ferner Forschungs- und Kultureinrichtungen, Stiftungen, Politik, Kommunen, Unternehmen, NGOs, Kreative und Engagierte erreichen. Kurz: alle, die an einer zukunftsfähigen Weiterentwicklung unseres gemeinsamen Bildungsverständnisses interessiert sind. Wenn wir Bildung neu denken wollen, ist dafür auch der Austausch über alle bisherigen begrenzenden Fach-Communitys hinaus notwendig. Lehrer müssen sich verstärkt dem Erfahrungsaustausch mit Coaches öffnen und umgekehrt, Unternehmen dem Austausch mit Bildungsinnovatoren und umgekehrt, Bildungsadministratoren dem verstärkten unmittelbaren persönlichen Austausch mit allen Praxisakteuren und so weiter.

Auch wenn sich diese beiden EduAction-Tools zunächst im deutschsprachigen Raum etablieren sollen, sind sie als globale Lernplattformen rund um eine lebendige Bildungsinnovationskultur gedacht. Nicht zufällig entstanden die innovativsten Bildungskonzepte der letzten Jahre nicht in unseren Breitengraden. Visionäre und besonders erfolgreiche Bildungsinnovationen wie die Khan Academy, FUNDAEC oder das Women's Empowerment Program entstanden durch einen Inder, durch Kolumbianer und Nepalesen und jeweils eng verknüpft mit internationalen Communitys. Wir müssen bereit sein, auch aus Feldern und Gegenden der Welt zu lernen, von denen wir bisher keine für uns hilfreichen Impulse erwartet haben, denn auch im Bereich der Bildung gilt die Erfahrung: Not macht wendig, manchmal mehr als alles andere.

Die Vision, die Genisis im Sinne von WeQ im Bildungsbereich antreibt, ist, dass in diesem Land eine echte Bildungsrepublik entsteht, eine bildungsinnovative Republik in globalem Austausch und globaler Verantwortung.

Die nachfolgenden Beiträge zeigen, dass im Kreis der WeQ-Erstinitiatoren besonders viel Kreativität und Engagement auf Bildungsinnovationen gerichtet sind und Genisis mit seinen Aktivitäten in diesem Kreis keineswegs alleine dasteht. Zudem blühte in den vergangenen Jahren eine erstaunlich innovationsfreudige Szene im weiten deutschen Bildungsspektrum auf.

Gerald Hüther

Potenzialentfaltungsgemeinschaften

»Die Zeit, in der ein einzelner Chemiker noch eine neue chemische Reaktion entdecken konnte, mit deren Hilfe es möglich wurde, neuartige chemische Verbindungen zu synthetisieren und damit neue Märkte zu erschließen, ist ein für alle Mal vorbei.«

Diese Erkenntnis stammt vom Leiter der Forschungs- und Entwicklungsabteilung eines weltweit führenden Chemiekonzerns. Ergänzt hat er diese Einschätzung mit der Schlussfolgerung, dass in der Chemie seit einigen Jahren ein sogenannter Deckeneffekt erreicht sei und etwas Neues auf diesem Gebiet nur noch durch das konstruktive Zusammenwirken von Forschern und Entwicklern aus unterschiedlichen Disziplinen mit unterschiedlichen Expertisen entstehen könne. Das Zeitalter der Einzelkämpfer sei vorbei, weiter gehe es künftig nur noch gemeinsam.

Man muss kein Zukunftsforscher sein, um vorherzusagen, dass nicht nur die Chemie, sondern alle anderen Wissenschaftsdisziplinen vor dem gleichen Problem stehen: Was ein Einzelner in seinem Bereich und auf seinem speziellen Fachgebiet zu leisten vermag, zu welch beeindruckenden Erkenntnissen und

Entdeckungen er als Einzelner gelangen oder getrieben werden kann, haben wir uns, auch an unseren Universitäten, im Rahmen unserer bisherigen, vom Wettbewerb geprägten Leistungsgesellschaft hinlänglich bewiesen. Primär ging es dabei um die Entfaltung individueller Talente und Begabungen, also eines in einzelnen Personen angelegten Potenzials.

Diese Phase war notwendig. Wie sonst hätten wir jemals in Erfahrung bringen können, wozu ein einzelner Mensch in der Lage ist: wie weit er springen, wie schnell er laufen, wie viel er erkennen und lernen und was er alles als Einzelner bewirken kann.

Sicher wird es hier und da noch Gebiete geben, in denen das, was ein Einzelner dort zu leisten vermag, noch nicht bis in den Grenzbereich des Absurden ausgelotet worden ist. Aber die Zukunft des Erkenntnisgewinns im 21. Jahrhundert liegt auf einer anderen Ebene. Jetzt geht es vielmehr um die Entfaltung derjenigen Potenziale, die in menschlichen Gemeinschaften angelegt sind und die nur durch das freiwillige, selbstbestimmte, offene und konstruktive Zusammenwirken von gut ausgebildeten Spezialisten und Experten zur Entfaltung kommen können.

Das in solchen individualisierten Gemeinschaften verborgene Potenzial können wir gegenwärtig nur erahnen. Gelegentlich tritt es in Form bestimmter, herausragender Leistungen von mehr oder weniger zufällig entstandenen Gemeinschaften bereits zutage. Wikipedia ist solch ein Beispiel, die Deutsche Kammerphilharmonie Bremen ein anderes. Auch im Mannschaftssport kommt dieses als »Teamgeist« bekannte Potenzial bisweilen zur Entfaltung. Bisher ist über die Voraussetzungen, unter denen solche »Potenzialentfaltungsgemeinschaften« entstehen, und über die Bedingungen, die sie stabilisieren, nur wenig bekannt.

Vieles spricht dafür, dass sie in ähnlicher Weise organisiert sind und auf ähnliche Weise funktionieren wie unser eigenes menschliches Gehirn. Auch im Gehirn ist nicht die Anzahl der Nervenzellen oder der Differenzierungsgrad einzelner Neuronen entscheidend für die Leistungsfähigkeit des Gesamtsystems. Die Leistungsfähigkeit ist das Ergebnis des Zusammenwirkens von Abermillionen Nervenzellen, sie ist von der Qualität und Intensität der Verknüpfungen bestimmt, die diese einzelnen Nervenzellen miteinander verbinden. Auch im Gehirn wäre es fatal, wenn beispielsweise die Amygdala und der Hippocampus miteinander konkurrierten und sich gegenseitig zu beweisen versuchten, wer von beiden bedeutsamer und wichtiger ist.

Auch im Gehirn kann eine einzelne Nervenzelle, also beispielsweise eine Pyramidenzelle im Cortex, ihr Potenzial nur dann entfalten, also ihre weitreichenden, vielfach verzweigten und mit Milliarden von synaptischen Kontakten versehenen Fortsätze und Verknüpfungen in optimaler Weise ausbilden, wenn sie nicht von anderen Nervenzellen unter Druck gesetzt und zu vorschneller Differenzierung und Spezialisierung getrieben wird. Und aufrechterhalten kann jede einzelne Nervenzelle ihre vielfältigen, komplexen Verknüpfungen mit anderen Nervenzellen auch im Gehirn nur so lange, wie diese vielfältigen und komplexen Verbindungen auch immer wieder benutzt, aktiviert und auf diese Weise stabilisiert werden.

In prinzipiell ähnlicher Weise können auch die Mitglieder einer menschlichen Gemeinschaft die in jedem Einzelnen angelegten Potenziale nur dann entfalten, solange sie nicht zu spezifischen Differenzierungen und Spezialisierungen, also zur Ausbildung einzelner Teilfähigkeiten auf Kosten anderer, gezwungen werden. Und ähnlich wie im Gehirn kann die Komplexität und Vielfalt der Beziehungen, die jedes einzelne Mitglied einer Gemeinschaft mit den anderen verbindet, nur so lange aufrechterhalten werden, wie diese Komplexität und Vielfalt von Verbundenheiten auch immer wieder gebraucht, genutzt und dadurch stabilisiert werden.

Konkret heißt das für menschliche Gemeinschaften, dass sie vielfältige und komplexe Beziehungen ihrer Mitglieder nicht ausbilden können, wenn sie sich unter Druck herausformen und ihr Überleben als Gemeinschaft nur durch den Rückgriff auf relativ robuste, wenig störungsanfällige und deshalb auch relativ einfache Beziehungsmuster gewährleistet werden kann. Mit anderen Worten, wenn eine solche Gemeinschaft nicht bereits während ihrer Entstehung in ihrer Existenz gefährdet und zur Herausbildung einfacher robuster Lösungen gezwungen ist. Das ist der Fall für alle sich unter dem Druck äußerer Bedrohung, von Konkurrenzkampf und existenzieller Bedrohung zusammenschließenden Gemeinschaften (Notgemeinschaften).

Ähnlich wie im Gehirn können auch komplexe Beziehungen zwischen den Mitgliedern einer menschlichen Gemeinschaft nur dann herausgebildet und aufrechterhalten werden, wenn dieses Ausmaß an Komplexität der Beziehungen nicht dadurch infrage gestellt oder unnötig gemacht wird, weil diese Gemeinschaft ein bestimmtes konkretes Ziel verfolgt und sich nur zum Zweck der Erreichung dieses Zieles herausgeformt hat. Dann kommt es zwangsläufig darauf an, dass jedes Mitglied sich an diesem zu erreichenden Ziel orientiert. Dafür muss es seine dieser Zielerreichung dienlichen Beziehungen auf Kosten der diesem Zweck nicht dienlichen Beziehungen verstärken.

Im Gehirn geschieht das immer dann, wenn das gesamte Denken, Fühlen und Handeln einer Person von einer bestimmten Vorstellung, einer fixen Idee bestimmt wird, wie das in besonders extremer Ausprägung bei Wahnvorstellungen oder Zwangsstörungen der Fall ist. Auch ein soziales System, das sich an festen kollektiven Vorstellungen oder irgendwelchen Ideologien ausrichtet, wird einfacher, verliert an Komplexität und Kreativität. Seine Mitglieder sind unter diesen Bedingungen gezwungen, ihre Beziehungen an die Erfordernisse der gemeinschaftlich verfolgten Zielorientierung anzupassen. Wenn das Ziel erreicht ist, zerfallen solche Zweckgemeinschaften meist sehr rasch.

Wenn es in einer Gemeinschaft oder in einem Gehirn gelingen soll, dass jedes einzelne Mitglied das in ihm angelegte Potenzial optimal zur Entfaltung bringen kann, so müsste das Zusammenwirken der vielen Einzelnen also weder durch Druck (»wir müssen zusammenhalten, um bestehen zu können«) noch durch Zug (»wir sollten zusammenarbeiten, um unser Ziel zu erreichen«) organisiert werden. Es müsste sich freiwillig herausbilden, nicht weil man muss oder soll, sondern weil die Mitglieder herausfinden und erproben wollen, wozu sie als Einzelne und sie alle als Gemeinschaft tatsächlich befähigt sind. Eine solche Gemeinschaft wäre dann eine Potenzialentfaltungsgemeinschaft.

Solche Gemeinschaften würden sich dann auch an all jene Aufgaben heranwagen, die nur in einer gemeinsamen Anstrengung und mit dem Gefühl von Freude und Leichtigkeit und der dadurch freigesetzten Kreativität lösbar sind. Was sie als »Nebenprodukt« hervorbringen, wären dann zwangsläufig auch die außergewöhnlich innovativen Höchstleistungen, auf die wir im ausklingenden Zeitalter der Einzelkämpfer nun schon seit geraumer Zeit vergeblich warten.

GERALD HÜTHERS AKTUELLES WeQ-PROJEKT:

Akademie für Potentialentfaltung

www.akademiefuerpotentialentfaltung.org

Ulrich Weinberg

Design Thinking als Weg zum WeQ-Modus

Design Thinking, ein Ansatz zur Entwicklung von Innovationen in allen Lebensbereichen, hat in den letzten Jahren Einzug gehalten in die Arbeitswelt vieler großer und mittelständischer Unternehmen – mit kulturverändernder Wirkung. Die drei Kernelemente, die Design Thinking ausmachen, erneuern radikal den Modus unserer Lern- und Arbeitswelten. Das Team steht im Fokus, nicht mehr der Einzelne, Arbeitsprozesse bewegen sich in Schleifen, nicht mehr linear, und der Arbeitsplatz wird zu einem flexiblen Ort der kreativen Zusammenarbeit, nicht mehr ein Ort des Einzelkämpfertums. Design Thinking bewegt sich dabei weg von der Fokussierung auf die Leistungsfähigkeit einzelner Personen. Design Thinking setzt auf Kollaboration, Vernetzung und Diversität und auf die kreative Leistung von Teams – weg vom IQ-Modus, hin zum WeQ-Modus.

Warum ist dies heute wichtiger denn je? Weil die zunehmende digitale Vernetzung ein vernetztes Denken und Arbeiten in einer Weise möglich macht, wie es die Menschheit bisher nicht erlebt hat. Aber während digitale Kommunikations- und Informationstechniken sich rasant weiterentwickeln und verbreiten, denken und handeln wir meist noch immer in einem alten, analogen Modus, auf das Trennende und linear Sortierende, ich nenne das den »Brockhaus-Modus«. Aber wie der Brockhaus nach über 200 Jahren gerade aus den Regalen verschwindet und ersetzt wird durch die vernetzte Version der Wissensorganisation wie z.B. Wikipedia oder Google, so verschwindet diese Art der Organisation der Wirklichkeit auch aus Unternehmen und Institutionen und wird ersetzt durch neue, vernetzte Versionen, die wir großenteils neu erfinden müssen.

Mit Design Thinking erfinden wir gerade neu, wie wir in Zukunft zusammen lernen und arbeiten werden in einer immer stärker sich vernetzenden Welt. Bisher spielen Belohnungssysteme eine entscheidende Rolle. Bis heute praktizieren Schulen, Hochschulen und Unternehmen Belohnungsmodelle, die zum allergrößten Teil auf die Bewertung und Belohnung von Einzelleistung setzen. Diese Art der Belohnung ist für eine wirkungsvolle Zusammenarbeit eher hinderlich als förderlich. Hier werden wir in den nächsten Jahren ein völliges Umdenken erleben.

An der School of Design Thinking in Potsdam gibt es keine Noten mehr und keine Credit Points. Die Teams sind mit vier bis sechs Personen klein, und sie sind multidisziplinär aufgestellt, der Wert liegt in der Vielfalt ihrer Mitglieder und in der wechselseitigen Ergänzung jedes Blickwinkels, nicht in einem Wettstreit über deren Einzelwertigkeit. Und es gibt auch keine Bewertung und Incentivierung von Teams. Die Teams stehen untereinander in ständigem Austausch, und es entsteht eine Art sportliches Miteinander, ein Arbeiten auf Augenhöhe und im Modus der Kooperation. Das erstaunliche Ergebnis: Die Energie,

Die drei Komponenten des Design Thinking, © HPI School of Design Thinking

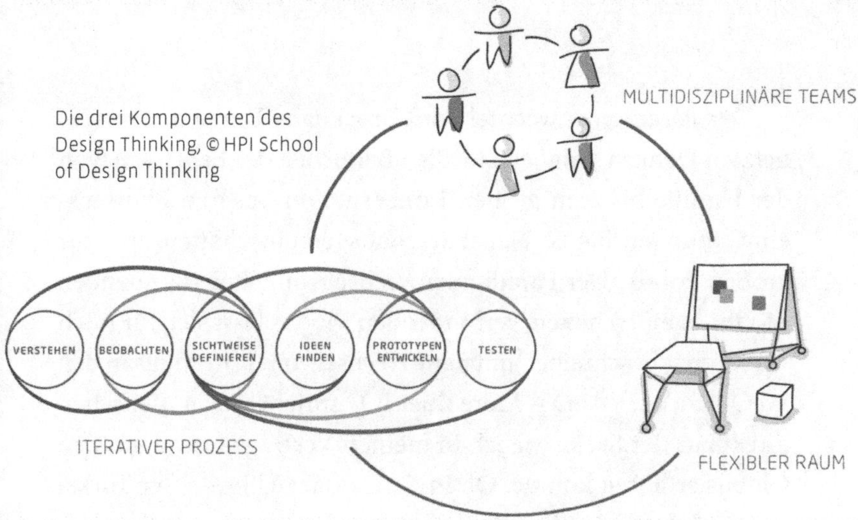

mit der die Teams an der Lösung komplexer Probleme arbeiten, ist deutlich höher als in klassischen Bewertungssystemen, und die Qualität der Ergebnisse steigt deutlich.

Aber nicht nur in der Hochschullandschaft ist diese Erkenntnis durchgedrungen. Ab 2016 werden wir erste global agierende Unternehmen erleben, die ihre Incentivesysteme komplett umstellen – keine Einzelincentives mehr, belohnt werden nur noch die Teamarbeit und das Gesamtergebnis.

Für eine solche Konstellation müssen sich auch die Räume, in denen Menschen miteinander kommunizieren und arbeiten, verändern. In Potsdam wurden neue, hochflexible Räume geschaffen, die kreatives Arbeiten und speziell Teamarbeit unterstützen. Alles Mobiliar steht auf Rollen und ist daher leicht beweglich – die Teams können »atmen«. Sie arbeiten an eigens entwickelten Arbeitstischen im Stehen, was die Konzentration und die Zuwendung zu jedem Einzelnen erhöht und auch die Flexibilität als Ausdrucksform der Kooperation.

Der Paradigmenwechsel vom Brockhaus-Denken zum vernetzten Denken steht jetzt in allen Bereichen des Lebens an, von der Familie bis zum großen Konzern, von unseren Bildungseinrichtungen bis zu Nachbarschaftsgemeinschaften und zur großen Politik. Der Paradigmenwechsel vom alten, trennenden Modus in einen neuen, verbindenden Modus lässt sich für mich wunderbar beschreiben mit dem Wechsel vom IQ-Modus in den WeQ-Modus. »WeQ – More than IQ« spricht vielen Menschen direkt aus der Seele, wie ich in meinen Vorträgen rund um den Globus erfahren konnte. Ob in China oder USA, in der Türkei oder in Schweden, überall wird unmittelbar verstanden, was dieser Denkansatz bedeutet und auslöst.
Wir brauchen neue, WeQ-orientierte Räume und Arbeitsweisen nicht nur in Unternehmen, sondern vor allem in Bildungseinrichtungen, in Wohlfahrtsorganisationen, in NGOs, in kommunalen und staatlichen Einrichtungen und nicht zuletzt auch im öffentlichen Raum. Wir brauchen WeQ-Spaces und WeQ-Cafés überall in unserem Land. Wir brauchen eine dezentrale WeQ-Academy und WeQ-Labs an den unterschiedlichsten Orten. In zehn Jahren wird die Gesellschaft so weit sein, dass sich der Begriff »WeQ« in den Köpfen als Begriff für den grundlegenden Wandel im Denken und Handeln etabliert hat. Dann wird sich ein »Made in Germany« oder »Made in China« in ein »Made in WeQ-Mode« wandeln.

ULRICH WEINBERGS PROJEKT:

School of Design Thinking (HPI d-school) am Hasso-Plattner-Institut in Potsdam; *hpi.de/school-of-design-thinking*

Helga Breuninger

Die WeQ-Entwicklungslinie

Fünf Studenten der Universität der Künste Berlin arbeiteten für ihre kollektive Abschlussarbeit an einer Kommunikationsstrategie für WeQ. Sie präsentierten uns WeQ-Begründern ein Koordinatensystem, in der die vertikale Linie die Haltung symbolisiert: unten normativ und oben offen. Die horizontale Linie steht für die Organisationsform: links Hierarchie und rechts Heterarchie.

Wir wurden aufgefordert, WeQ im Koordinatensystem zu positionieren. Alle wählten einen Punkt im rechten oberen Quadranten. Ich habe mich für eine Diagonale von links unten nach rechts oben als die WeQ-Entwicklungslinie entschieden. Den WeQ-Quadranten habe ich mit einem »Safe Space« gegen die Tendenzen aus den anderen Quadranten wie Bewertung und Dominanz »geschützt«.

Der WeQ-Quadrant *oben rechts* ergibt sich aus dem Koordinatensystem der beiden Dimensionen *Hierarchie* (links) versus *Heterarchie* (rechts) und *normativ* (unten) versus *offen* (oben). Mit dieser Grafik kann man den derzeitigen gesellschaftlichen Paradigmenwechsel in vielen Bereichen unserer Gesellschaft symbolisieren.

Im *oberen linken Quadranten* könnte man sich Kinder vorstellen, die noch begeistert und offen sind für freies, forschendes

WeQ-Quadrant

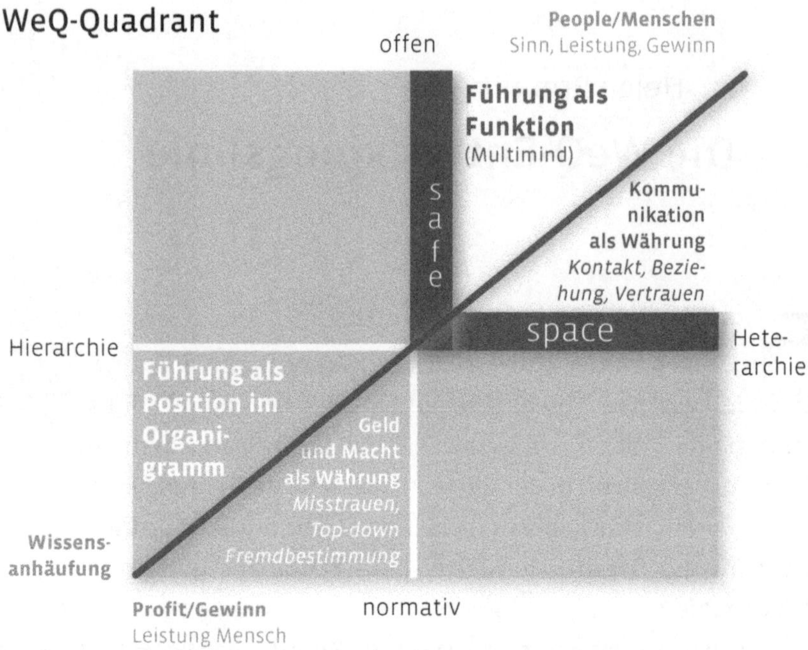

Spiel, für Neugier und nachhaltiges Lernen durch Versuch und Irrtum, die jedoch auch hierarchisch ihren Eltern und Erziehern unterstellt sind.

Im *unteren linken Quadranten* werden diese Kinder dann im Erziehungsprozess derzeit noch meist normativ sozialisiert, um als Erwachsene und Angestellte ins System zu passen und zu »funktionieren«. Das Bildungssystem hatte sich nach dem Vorbild von Militärakademien entwickelt mit dem gesellschaftlichen Auftrag, Kinder zum Gehorsam zu erziehen. Schüler wurden frontal belehrt, isoliert und individuell bewertet. Das Curriculum wurde von der Politik vorgegeben. Sowohl die Wissensanhäufung als auch das Wohlverhalten wurden bewertet, Schüler selektiert und Karrieren vorprogrammiert. Gute Schüler waren demnach normativ konform und hierarchiesensibel. Sie konnten die Erwartungen ihrer Lehrpersonen erfüllen. Schlechte Schüler waren dagegen unangepasst und eigenwillig. Unsere Organisationen sind noch weitgehend hierarchisch gegliedert, und Aufgaben werden überwiegend noch normativ von oben vorgegeben. Führung verstehen wir meist als eine »Position« im Organigramm. Geld und Macht sind die »Währung«. Die Priorisierung erfolgt im unteren linken Quadranten auf Profit und Leistung. Und nach dem Motto »Vertrauen ist gut, Kontrolle ist besser« breitet sich schnell eine Misstrauenskultur aus, die Führung erfolgt Top-down, und gerade die kreativen und verantwortungsbereiten Mitarbeiter fühlen sich fremdbestimmt.

Im *unteren rechten Quadranten* könnte man sich Intellektuelle, Künstler, Wissenschaftler, Selbstständige, aber auch Ideologen oder Anarchisten mit ihren persönlichen normativen Überzeugungen vorstellen, die sich der Hierarchie, der Anpassung, aber auch einer offenen Kommunikation mit anderen tendenziell entziehen und »ihr Ding« machen wollen.

Der *obere rechte Quadrant* ist das *WeQ-Feld*. Systeme und Organisationen entwickeln sich derzeit vom unteren linken Quadranten in den rechten oberen Quadranten. Für die Lösungen der Zukunft in einer globalisierten Welt brauchen wir keine gehorsamen Mitarbeiter, sondern kreative Teams. Unternehmen verändern ihren Fokus deshalb vom Profit zur Entwicklung der Menschen. Bildung verändert sich von der Wissensanhäufung zur Potenzialentfaltung.

Offenheit in einem hierarchiearmen Raum entwickelt normativ und hierarchisch erstarrte Organisationen zu lernenden Organisationen. Führung ist jetzt eine »Funktion« im System, nicht mehr eine »Position«, sie kann daher von verschiedenen Personen – auf Augenhöhe – ausgefüllt werden. Menschen in Führungsfunktionen verändern ihre Absichtsorientierung in eine Wirkungsorientierung. Es geht nicht mehr darum, etwas zu beabsichtigen, sondern darum, das Richtige zu bewirken und andere am Prozess zu beteiligen. Wirkungen erspürt und erfährt man unmittelbar in Beziehungen. Im WeQ-Feld sind deshalb für eine gelingende Zusammenarbeit Beziehungskompetenzen notwendig, gerade wenn es darum geht, politische, bürokratische und zwischenmenschliche Schranken gegen Widerstände aktiv und kreativ abzubauen. Das erfordert Gemeinschaftsgefühl, Konfliktfähigkeit und Zusammenhalt. Die neue »Währung« sind nun Kommunikation, Kontakt, Beziehung und Vertrauen.

Menschen entwickeln ihre Potenziale im WeQ-Feld gemeinsam auf Augenhöhe weiter. Konflikte werden zu Lernchancen, wenn die verschiedenen Perspektiven und Interessen wertgeschätzt und Vielfalt als ein Reichtum der menschlichen Gemeinschaft erlebt werden kann. Dann können sich Teams oder Gruppen für eine gemeinsame Sache engagieren und sich mit ihren unterschiedlichen Kompetenzen und Positionen einbringen.

Gerald Hüther plädiert konsequenterweise dafür, *Schulen* als WeQ-Feld zu organisieren, um Schülern in Gemeinschaftsprozessen die Potenzialentfaltung zu ermöglichen. Viele Schulen haben sich auf den Weg gemacht. Zwei will ich an dieser Stelle erwähnen, die in der WeQ-Entwicklungslinie schon weit gekommen sind: die Ev. Schule in Berlin-Mitte mit der Rektorin Margret Rasfeld und die Montessori Oberschule in Potsdam mit der Rektorin Ulrike Kegler. Auch an *Universitäten* kann man gemeinschaftliches Lernen organisieren. Praktisch gelebt wird das bei Ulrich Weinberg an der School of Design Thinking des Hasso-Plattner-Instituts in Potsdam. Und auch Stiftungen verändern sich auf der WeQ-Entwicklungslinie. Ich verstehe Stiftungen als Akteurinnen der Bürgergesellschaft und setzte mich als Stifterin für die Stärkung von Zusammenarbeit und Beteiligung ein.

Um Lehrer und Eltern dabei zu unterstützen, vom Modus der *Erziehung* in jenen der *Beziehung* zu wechseln, habe ich mit Wilfried Schley von der Leadership Foundation ein *Kompetenzprogramm für Beziehungslernen* in Zusammenarbeit mit dem Kultusministerium Baden-Württemberg und drei Gemeinschaftsschulen entwickelt. Unser Stiftungsverbund intus[3] bietet Lernplattformen an, die eine WeQ-Haltung und WeQ-Kompetenzen in Videosimulationen sichtbar und trainierbar machen. Mit Almuth Sellschopp habe ich ein Trainingsprogramm zur emotionalen Kompetenz für Führungskräfte entwickelt – sozusagen eine WeQ-Basiskompetenz. Genauso wichtig ist es, WeQ-Haltungen in öffentliche Entscheidungsprozesse einzubringen. Mit den *Runden Tischen* hat die Breuninger Stiftung mit Wolfgang Klenk ein Format für Beteiligungsprozesse entwickelt und bietet bundesweit dazu Fortbildungen an.

Mit einem WeQ-Moderationsdesign und einer WeQ-Begleitung gelingt es, an Runden Tischen eine Kommunikation auf Augenhöhe unterschiedlicher Menschen zu schaffen: Bürger, Experten, Verantwortliche aus der Kommune, der Wirtschaft und der Politik entwickeln kommunikativ Konsenslösungen, bringen ihre jeweiligen Handlungsspielräume ein und beteiligen sich an der Umsetzung. Damit können wir die linearen Entscheidungsstrukturen der Politik ergänzen.

Die Bürgerstiftung Stuttgart erarbeitet unter der Leitung von Irene Armbruster mit diesem Runde-Tisch-Konzept als dem »Königsweg der Bürgerstiftung« erfolgreich Lösungen für die moderne Stadtgesellschaft in Stuttgart. Bundesweit ausgezeichnet wurde der Runde Tisch Flüchtlinge.

WeQ-Aktivitäten sind Gemeinschaftsprozesse wie Design-Thinking-Prozesse oder Runde Tische: Jeder wird beteiligt und gesehen, ohne bewertet zu werden. Jeder kann zur Lösung aus seiner Erfahrung und seinem Wissen beitragen. Er lernt mit und von anderen. Keiner wird überfordert. Der gemeinsame, professionell begleitete Prozess macht Spaß, er energetisiert und beflügelt die beteiligten Personen. Solche Prozesse sind keine Harmoniesuppe, sondern spannende Auseinandersetzungen, in denen die gemeinsame und am Gemeinwohl orientierte Sache ergebnisorientiert vorankommt und in iterativen Stufen Gestalt annimmt.

Für die Zusammenarbeit in Gruppen bedarf es einer WeQ-Haltung: »Ich will mich verbinden, mich öffnen, mich beteiligen, mit und von den anderen lernen und meinen Beitrag einbringen und an etwas Größerem beteiligt sein, das die Welt verändern kann.« WeQ-Führung mutiert so zu einer Prozessfunktion, der Prozessbegleiter weiß am Anfang noch nicht, wo der Prozess hinführt, weil alle daran aktiv und auf Augenhöhe beteiligt sind. Viele Menschen müssen sich dafür erst aus normativen und hierarchischen Mustern lösen. Um selbstbewusst eigene Ideen beizutragen und sich angstfrei zu öffnen, muss man darauf vertrauen können, so akzeptiert zu werden, wie man ist.

WeQ ist noch so neu und so ungewohnt. Wir brauchen *WeQ-Orte*, in denen sich die Menschen sicher fühlen und zu Co-Creation eingeladen und angeleitet werden. Orte, an denen jeder sicher sein kann, dass er wertgeschätzt statt bewertet, gesehen statt vorgeführt, respektiert statt blamiert und beteiligt statt dominiert wird.

Dafür habe ich als Stifterin zwei WeQ-Orte geschaffen: *Wasan Island* und *Paretz*. Orte in Resonanz mit der Natur und der Geschichte und einer großzügigen Architektur. Mit Räumen, die individuell und liebevoll eingerichtet sind und dem Gast ein »Cominghome«-Gefühl vermitteln. Und dann sind es vor allem die Gastgeber an den Orten, die einen emotionalen »Safe Space« herstellen und die Co-Creation unterstützen.

Im Schaubild ist der »Safe Space« mit den dunkelgrauen Balken im WeQ-Quadranten visualisiert. Die Aufgabe der Gastgeber und der Teams in diesem »Safe Space« ist es, das WeQ-Feld über ihre Haltung zu schützen gegen die Sogwirkung von hierarchischem und normativem Denken.

WeQ ist die menschlichere Alternative zur gewohnten Konkurrenz »ich weiß mehr, ich bin wichtiger, ich habe mehr Geld, mehr Status, mehr Einfluss, ich werde mich durchsetzen, weil ich weiß, was richtig ist«. Für die WeQ-Begleitung an diesen Orten werden wir die entsprechenden Führungskonzepte weiterentwickeln und durch ein Forschungsprojekt flankieren.

HELGA BREUNINGERS WeQ-PROJEKTE und WeQ-ORTE:

Wasan Island, *www.wasan-island.de*
Paretz Akademie, *www.helga-breuninger-stiftung.de/paretz-akademie*
Beziehungslernen, *www.intushochdrei.de*
Runde Tische, *www.runde-tische.net*
Bürgerstiftung Stuttgart, *www.buergerstiftung-stuttgart.de*

David Diallo

WeQ-Kommunikationswelt

Wie kann man ein lebendiges Verständnis von WeQ in eine immer größer werdende Öffentlichkeit tragen? Hierfür die mediale Flanke zu entwickeln war eine wichtige Aufgabe, die ich mir vornahm.

Der erste Impuls, quasi ein Testlauf zur Resonanz der Grundidee, war die Veröffentlichung eines kleinen Essays von Peter Spiegel im März 2014 auf der erst kurz zuvor in einer Betaphase gestarteten Online-Plattform goodimpact.org. Das Feedback aus dem damals noch sehr kleinen Leserkreis war bemerkenswert. Die These, dass WeQ einen neuen Megatrend darstellt, der sich in nahezu allen neueren Einzeltrends rund um die Kernideen Social Innovation, Open Source und Social Entrepreneurship widerspiegelt, fand die höchste Aufmerksamkeit und Unterstützung in der goodimpact-Community.

Kurz entschlossen machten wir, die WeQ-Initiatoren der ersten Stunde, WeQ zum übergreifenden Thema des Vision Summit im September desselben Jahres. Praktisch jeder der knapp 50 Referenten unter den 800 Teilnehmern nahm auf diesen Impuls unterstützend Bezug. Das Interesse an WeQ war geweckt. Die Aufgabe stand im Raum, nunmehr WeQ in die Tiefe und Breite weiterzuentwickeln. Für Strategien zur Vertiefung des Verständnisses von WeQ übernahmen andere im Team die Verantwortung. Ich fokussierte mich auf die Entwicklung einer Strategie in die Breite. Nachdem die Ideenwelt hinter dem Gedanken von WeQ und die des bisherigen Fokus meiner Medienarbeit nahezu identisch sind, bedeutete dies nichts mehr als die Fortführung meiner bisherigen medienstrategischen Überlegungen, wenn auch jetzt eng verbunden mit der WeQ-Philosophie.

Mit einem hoch ambitionierten Team entwickelten wir die Online-Plattform goodimpact.org als »Plattform für gutes Leben und gesellschaftlichen Wandel« in Richtung WeQ weiter, um eine möglichst breite Vielfalt von Menschen jeweils dort abzuholen, wo sie ihren individuellen Bezug zur Motivation für Veränderung gefunden haben. Die drei damit verbundenen Kernziele waren: informieren – inspirieren – aktivieren.

Die Kernidee für das Ziel »informieren« war, eine Art »dpa 2.0« zu kreieren, ein System, in dem es möglichst viele Partner gibt, die professionell aufgearbeitete hochwertige und lösungsorientierte Informationen aus ihrer eigenen Community in eine Plattform einer größeren Community einbringen und damit von deren Reichweite in neue Zielgruppen profitieren – und die gleichzeitig geeignete Informationen aus dieser größeren Community in die Plattform für ihre eigene Zielgruppe und ihre eigene Plattform aufnehmen. Der Testlauf für diese Konstruktion waren die Entwicklung und Gestaltung der Online-Seite des Wirtschaftsmagazins »enorm«, also von enorm magazin.de, und die Etablierung der Plattform auf »dpa 2.0«-Ebene, also von goodimpact.org. Die Plattform enorm-magazin.de wurde schnell als »Spiegel-Online für den gesellschaftlichen Wandel« bezeichnet, und tatsächlich werden regelmäßig Beiträge von enorm-magazin.de auf Spiegel-Online übernommen. Gleichzeitig entstanden erste Testläufe mit eigenen Channels von Initiativen im Spektrum sozialer Innovationen, u. a. von GEXSI, B-Corp und WeQ.

Die Kernidee für das Ziel »inspirieren« war, ein umfassendes Angebot rund um inspirierende Events zum gesellschaftlichen Wandel zu schaffen unter dem Namen »Good Events«. Dieser Service findet sich als eigener schnell wachsender Bereich unter goodimpact.org und den Partnerwebseiten. Durch die Kombination von »Good News« im Kernbereich von goodimpact.org und »Good Events« profitieren die dort vorgestellten Events von einer hohen Reichweite und Zielgenauigkeit über die Nachrichtenwelt von goodimpact.org, und umgekehrt profitieren spannende News von der Nähe zur Information über die dazu passenden weiterführenden und inspirierenden Events.

Ohne das Ziel, letztlich auch erfolgreich zu »aktivieren«, bliebe gesellschaftlicher Wandel eine nette Idee, aber nicht viel mehr. Wie lässt sich die Ambition einer jeweils individuell passenden Aktivierung von möglichst vielen Menschen mit der Idee von »Good News« verbinden? Ganz einfach: mit dem Service von »Good Jobs«. Die Vermittlung in Jobs mit Sinn, von ehrenamtlichem Engagement über Praktika bis zu Festanstellungen in zivilgesellschaftlichen oder staatlichen Einrichtungen oder in Unternehmen, die die Bedeutung von gesellschaftlichem und unternehmerischem Wandel verstanden haben, ist die nachhaltigste Form einer Aktivierung. Darüber hinaus macht sie für alle Beteiligten viel Sinn, für die Job-mit-Sinn-Suchenden und -Anbietenden: Jobanbieter finden die motiviertesten Menschen im Umfeld von News und Events, und Jobsuchende nehmen diesen Service gerne an. Daher ist es auch nicht verwunderlich, dass der Good-Job-Bereich von goodimpact.org sehr vielversprechend startete.

Zusätzliche Verknüpfungen mit weiteren willkommenen und nützlichen Services für die Ambition eines umfassenden gesellschaftlichen Wandels sind in der Entwicklung, beispielsweise »Good Search«. Dort wird *jede* Internetsuche, die von der Startseite goodimpact.org ausgeht, mit einer jeweiligen unmittelbaren Aktivierung eines minimalen Spendenbeitrags von ausgewählten Partnern für ausgewählte soziale Innovationen und Projekte verbunden. Hier kommt somit die Verknüpfung von »Informieren« mit »direktem Fördern« zustande.

Auf goodimpact.org und allen damit vernetzten Channels und Partnerplattformen findet sich somit eine eigenständige und unabhängige Medien- plus Servicewelt für eine Veränderung auf dem Pfad des WeQ-Kulturwandels aller gesellschaftlichen Bereiche. Ein erster, ebenso sinn- wie wertvoller persönlicher Schritt in diese inspirierende Welt wäre, goodimpact.org zur Startseite seines Internetzugangs zu machen. Oder alternativ: die Seite des dort angeschlossenen Channels WeQ.works, auf dem sich permanent die neuesten Infos zu den Entwicklungen rund um die WeQ-Initiative befinden.

DAVID DIALLOS WeQ-PROJEKTE:
goodimpact Online-Plattform, *www.goodimpact.org*
goodjobs Online-Plattform, *www.goodjobs.eu*
WeQ Online-Plattform, *www.WeQ.works*
EduAction Online-Plattform, *www.edu-action.de*

Marianne Obermüller

Wie lernen wir WeQ?

Wie kann man den WeQ-Gedanken in die Wirtschaft und Gesellschaft tragen? Wie kann man ihn erlernen, vorleben und vor allem in die Praxis umsetzen? Das waren meine Fragen an Peter Spiegel, als ich zum ersten Mal von WeQ hörte.

Als ich Peter Spiegel 2007 kennenlernte, war ich begeistert von seinen Visionen. Er war der Auslöser, dass ich meine über 18-jährige Erfahrung aus der Wirtschaft in den Social-Business-Sektor einbringen wollte. Nicht mehr schneller-höher-weiter, sondern ein tragfähiges WeQ-Denken in die Gesellschaft zu bringen, die Wirtschaft mit sozialen Innovationen zu verbinden und sinnhafte Projekte im Bereich Gesundheit, Bildung, technische Innovationen und soziale Innovationen voranzutreiben, waren meine neuen Ziele.

Das Genisis Institute und die daraus initiierte WeQ-Bewegung sind mit demselben Ziel unterwegs wie das von mir 2009 gegründete Earthrise Management. Aus diesem Grund traf ich 2015 die konsequente Entscheidung, Earthrise Management in Genisis Business Innovation umzubenennen, die Kräfte zu bündeln und es auch praktisch vorzuleben, wie es miteinander besser geht.

Vor einigen Jahren kreierte ich den Begriff »geistiger Klimawandel«. Es ging mir darum, zuerst bei sich selber zu beginnen, bevor man die Welt verändern möchte. Zuerst müssen *wir* eine neue Wir-Qualität des Miteinander entwickeln, die auf Achtsamkeit und wechselseitigem Respekt beruht, was nicht so leicht umsetzbar ist, wenn man im Einzelkämpfermodus unterwegs ist.

Meine Erfahrungen in den letzten Jahren zeigen mir, dass es gemeinsam besser geht, dass man im WeQ-Modus vieles schneller und kreativer umsetzen kann, plötzlich neue Möglichkeiten entstehen, die wir als einzelnes Individuum nicht so klar erkannt hätten oder umsetzen könnten. Gerade in der heutigen Zeit, wo nichts mehr planbar ist und sich alles unglaublich schnell verändert, ist es enorm wichtig, dass man sich aufeinander verlassen kann, ob privat oder im Business. Wir denken immer noch in den Strukturen des vergangenen Jahrhunderts und hängen an der Illusion, dass wir mit unserem analytischen Verstand die Welt in den Griff bekommen, sie weiter beherrschen können. Nur funktioniert das nicht mehr. Es wird Zeit, an Konzepten zu arbeiten, die den Menschen, die Natur und alle Lebewesen in den Mittelpunkt stellen und einen gemeinsamen WeQ-Gedanken lebendig werden lassen. Wie geht das?

Die Idee der Etablierung einer WeQ Academy ist eine der wichtigsten. Sie stand von Anfang an in der Diskussion im Gründerkreis der WeQ Foundation. Erste hilfreiche Angebote konnte der Gründerkreis selbst liefern mit Design Thinking, Beziehungslernen, Potenzialentfaltung und einigem mehr. Die Angebote können und sollen dann darüber hinaus schrittweise ausgeweitet werden. Alles Weitere dazu wird sich auf der WeQ-Seite WeQ.works finden. Meine Aufgabe sehe ich in diesem Projekt in dessen unternehmerischer Ermöglichung und Begleitung.

Die zweite Aufgabe gilt der Etablierung einer Art »Learning Community« innerhalb der Wirtschaft für WeQ-Denken und -Handeln in deren innerunternehmerischen Aktivitäten und Entwicklungen wie in deren gesellschaftlicher Mitverantwortung. Dieser Kreis gab sich den Namen »WeQ Entrepreneurs Network«. Er ist nicht als Auszeichnung oder Label zu verstehen, sondern ausschließlich als Kreis von unternehmerischen Persönlichkeiten, die lernen wollen, was WeQ für ihr Wirken bedeuten kann.

Ein erster Schritt dazu ist die Identifikation von Projekten, die vor allem in der Zivilgesellschaft, aber auch in der Wirtschaft beispielgebend das WeQ-Denken umgesetzt haben. Diese Aufgabe der Suche nach derartigen Best Practices nahm sich die WeQ Foundation vor und veröffentlicht ihre Suchergebnisse auf WeQ.works.

Ein zweiter Schritt ist der Erfahrungsaustausch, zum Ersten in dem unternehmerisch motivierten Kreis, zum Zweiten mit sozialen Innovatoren mit beispielgebenden WeQ-gemäßen Projekten und zum Dritten mit allen, die sich in anderen Sektoren auf den Weg für einen WeQ-Kulturwandel gemacht haben. Hierfür unterstützt die Genisis Business Innovation das Genisis Institute und die WeQ Foundation bei der Entwicklung und Umsetzung von deren weiteren Eventformaten.

Ein dritter Schritt, das WeQ Entrepreneurs Network zu einer offensiven Handlungsplattform zu entwickeln, besteht in der gemeinsamen Kreation neuer Geschäftsmodelle im Sinne von WeQ.

Von meiner Seite kann ich dazu die bereits über die Earthrise Management entwickelten und erprobten Instrumente wie

»Schokolade hilft immer« und Ähnliche einbringen. Bei »Schokolade hilft immer« fließen 20 Prozent vom Umsatz an innovative soziale Projekte. Das Produkt selbst setzte in Hinsicht auf ökologische und soziale Nachhaltigkeit neue Standards. Nach dem Erfolg dieses Konzepts der Kombination von beispielgebenden ökosozialen Standards und hohen Transfers an sozialinnovative Projekte werden nun weitere derartige Geschäftsmodelle für neue Produkte und Dienstleistungen entwickelt und umgesetzt.

Geschäftsmodelle, die aus dem WeQ Entrepreneurs Network hervorgehen und dem WeQ-Denken hilfreiche Umsetzungsbeispiele geben, müssen nicht diesem Vorbild folgen, sondern können sich in alle möglichen Richtungen hin entfalten. Entscheidend ist, dass sie überzeugende Beispiele liefern für ein neues Denken und Handeln in und aus der Wirtschaft. Unternehmen sind darauf angewiesen, neues Denken möglichst frühzeitig kennen und verstehen zu lernen. Daher kann man gerade dort ein eher besonders hohes Maß an Offenheit für WeQ erwarten.

MARIANNE OBERMÜLLERS WeQ-PROJEKTE:

Genisis Business Innovation, *www.genisis-businessinnovation.org*
Schokolade hilft immer, *www.schokolade-hilft-immer.de*
Earthrise Society, *www.earthrise-society.org*

Detlef Gürtler

WeQ anschlussfähig machen

WeQ ist ein Anfang. Einer von vielen. Einer von jenen Versuchen, mit denen in der Jetztzeit ein Fenster zu einer neuen Welt aufgestoßen werden soll, von der wir nicht so genau wissen, wie sie aussieht – aber genau wissen, dass sie kommt und dass sie ganz anders aussehen wird als die gegenwärtige. Je mehr Fenster aufgestoßen werden, desto besser – hinter irgendeinem wird sich die neue Welt schon auftun.

Wir sind immer noch in einer merkwürdigen Übergangszeit; ich würde sie am ehesten mit dem Vormärz im Deutschland des 19. Jahrhunderts vergleichen. Niemand der Zeitgenossen nannte die Epoche, in der er lebte, Vormärz – man konnte das gar nicht, denn der Namensgeber, die Märzrevolution von 1848, fand erst danach statt. Eine ganze Epoche hat ihren Stempel nicht von dem bekommen, was währenddessen passierte, sondern von dem, was danach geschah. Damit rechne ich auch heute. Wir haben verschiedene Epochenenden gerade erlebt: Die Nachkriegszeit und der Kommunismus gingen 1989 vorbei, das 20. Jahrhundert am 11. September 2001, der globalisierte Finanzkapitalismus mit der Weltfinanzkrise von 2008. Doch das Nächste, das, was der kommenden Epoche seinen Namen geben wird, ist noch nicht da.

Es gibt eine ganze Reihe von Versuchen, dieses Nächste zu greifen. Technologische Ansätze, von Digitalisierung bis Singularität, politische Ansätze, von großen bis zu gar keinen Imperien, ökologische, ökonomische, psychologische, soziologische, religiöse und natürlich auch esoterische Ansätze. WeQ ist ein Begriff, der unter viele, eigentlich unter all diese Hüte passt – was Stärke und Schwäche zugleich ist.

Der Kernbegriff von WeQ ist das »Wir«, die Gemeinschaft. Dieser Begriff ist einerseits uralt und jedem vertraut und wird andererseits ständig neu definiert. Derzeit stecken wir in einer gravierenden Umdefinierung, die im Ausmaß jener der industriellen Revolution gleicht. Vor ihr gab es im Leben der meisten Menschen nur die Gemeinschaften Dorf und Familie; diese beiden Zusammenhänge wurden zerstört beziehungsweise massiv beschädigt. An ihre Stelle traten große Städte, große Unternehmen, Massenorganisationen, Konzerne, Parteien, Gewerkschaften – alles neue Organisationsformen, die man vorher nicht gebraucht hatte. Jetzt sind Digitalisierung und Globalisierung gerade dabei, die Existenzberechtigung der meisten dieser Massenorganisationen infrage zu stellen, sodass wir wieder zu Gemeinschaften kommen können, die denen der vorindustriellen Zeit ähneln. Wir kommen zurück zu Dorf und Familie – nur ganz anders. Der Facebook-Freundeskreis kann Dorfcharakter haben, die Start-up-Belegschaft eine Familienfunktion ausfüllen. Kann – muss aber nicht. Damit stehen wir anders als die Dörfler des 17. Jahrhunderts vor der Frage: »Was macht eine Gemeinschaft aus?« Und spezifischer: »Was macht diese Gemeinschaft aus?«

Für einzelne Gemeinschaften ist das relativ unaufwendig zu ermitteln. Aber in der Summe wird es komplex, denn da haben wir es geradezu mit »50 Shades of We« zu tun. »Wir« ist schon sprachlich ein bewusst unscharfer Begriff. Es kann »wir zwei« bedeuten, die Partnerbeziehung, wir als Familie, wir als Klasse, wir als Studiengang, wir als Kollegen, Bayern, Deutsche, Abendländer, Christen, es gibt fast unendlich viele Gemeinschaften, denen man zugehören kann – und es gibt keine festen Regeln, inwieweit man sich auf eine solche Gemeinschaft verlassen kann. Gesellschaften unterliegen Gesetzen und anderen festen, einklagbaren Regeln. Gemeinschaften längst nicht immer.

WeQ kann da Verlässlichkeit bieten – als eine Art Währung in den sozialen Beziehungen, die Entscheidungen erleichtert und Komplexität reduziert. So wie der IQ eine wichtige Währung in der Wissensgesellschaft ist und Googles Page Rank eine wichtige Währung in der digitalen Welt. Für Beziehungsqualität gibt es noch keine ähnlich anerkannte Währung. In einer Umgebung, in der man sich ständig auf Neues in neuen Konstellationen einstellen muss und die Großorganisationen als Leitplanken weggefallen sind, wird aber genau das gebraucht werden. Gebraucht wird etwas, das uns garantieren kann, dass derjenige, der mit uns Wohnung oder Auto teilen will, kein Arschloch ist, dass in der Jim-Beam-Flasche in der Kneipe auch wirklich Jim Beam ist oder dass der Makler, der uns einen Job anbietet, ein ehrlicher Makler ist.

Die Währung für Beziehungsqualität und/oder Gemeinschaftsfähigkeit könnte WeQ heißen. Es wäre dann wahrscheinlich keine feste Größe wie der IQ, sondern eine von der jeweiligen Beziehung beziehungsweise angestrebten Aktion abhängige Größe. Es könnte eine Größe sein, die als Zertifikat vergeben, oder von unseren digitalen Assistenten in jeder Sekunde und für jeden Anlass neu berechnet wird. Möglicherweise wird mein Siri oder Watson mit dem Siri einer Kneipe überhaupt nur über den Whiskypreis verhandeln, wenn der spezifische WeQ des Gastronomen bei mindestens 75 liegt – und bei einem WeQ über 140 verhandelt mein Siri gar nicht mehr über den Preis, weil es weiß, dass der Preis fair ist. Und auf der anderen Seite läuft genau der gleiche Prozess ab – wenn mein spezifischer WeQ über 140 liegt, schenkt der Wirt mir ohne Zögern Jim Beam ein, weil er weiß, dass ich einen fairen Preis auch tatsächlich bezahle.

Um auch nur in die Nähe einer solchen Lösung zu kommen, sind eine ganze Reihe von Innovationen, Disruptionen und Jahren nötig. Alle Beteiligten können an vielen Stolpersteinen straucheln oder in falsche Wege einbiegen, und es können neue Beteiligte auftauchen, von denen man heute noch gar nichts weiß. Oder hätten Sie, als im Jahr 2000 Dutzende von Milliarden für UMTS-Lizenzen für das mobile Internet gezahlt wurden, daran gedacht, dass der große Profiteur dieses Wettbietens der Telekom-Konzerne ein Hardwarehersteller namens Apple werden würde? Eben.

WeQ ist ein Anfang. Einer von vielen. Je anschlussfähiger dieser Begriff wird, desto größer wird die Chance, dass er am Ende auch einen Beitrag geleistet haben wird.

Deborah Trautz, Elisa Hertzler,
Mona Breulmann, Jan-Philipp Thieltges
& Gerrit Beiersdorf*

Ein WeQ-Märchen

Nun aber war die Zeit gekommen, dass der alte König starb und seinem ältesten Sohn, dem Prinzen, die Thronfolge überließ. Dieser hatte über die Jahre vieles gelernt, seine Studien abgeschlossen, sich in Kampftechnik und Strategie geübt. Er trug nun die Verantwortung für das ganze Reich und sollte schon bald feststellen, dass es nicht einfach war, die eigenen Ziele zu verfolgen und zugleich nah beim Volke zu sein.

So verging ein Jahr und noch eines. Es herrschte zwar Frieden, doch bemerkte der junge König den Unmut über die Ungerechtigkeiten, die seine Entscheidungen nach sich zogen. Und so fühlte er sich zwar mächtig und stark, klar der Linie seines Vaters folgend, doch nachts, allein in seiner Kammer, beschlich ihn mehr und mehr die Sehnsucht nach der Freiheit und der Autonomie, die er in seinen jungen Jahren als Schüler zu spüren geglaubt hatte. Wie er damals, in seine Bücher vertieft, am See saß und ihm die Menschen freundlich begegneten. Heute traten

* Ein Märchen, entwickelt von der Projektgruppe »WeQ« im Rahmen ihrer Abschlussarbeit an der Universität der Künste Berlin im Frühjahr 2015 als Beispiel für ein Kommunikationsformat zur Vermittlung der Kernbotschaft von WeQ.

sie ihm voll Ehrfurcht und Respekt entgegen, schienen gar Angst vor ihm zu haben. Abend für Abend trugen ihn diese Gedanken in den Schlaf, und doch wusste er nicht, wie er anders regieren sollte.

Eines Morgens flanierte der junge König über den Marktplatz, da tippte ihm der Hofnarr auf die Schulter. »Guten Morgen, Eure Durchlauchtheit! Na, warum schauen Sie so mürrisch drein? Zu mühselig Ihr neues Amt? Zu viele Sorgen mit dem Pöbel?«

»Lass mich, du Kasper! Noch ein Wort, und du nächtigst im Kerker!«

»Kerker, Kerker, mehr habt Ihr wohl nicht zu bieten, wie? Immer diese schlechte Laune! Warum redet Ihr nicht mit mir, wenn ich doch die Wahrheit sage? So ein fortschrittlicher junger König, doch keine Ahnung vom Wir. So, so.«

»Wir, wie? Blödsinn. Ich entscheide sehr wohl selbst, mit wem ich spreche.«

»Das tut die Prinzessin im Havelland auch, ja, ja, und die ist beliebt, die spricht mit jedem. Die macht es anders. Und schaut nie so grimmig drein. Aber was interessiert Euch das Gerede eines einfachen Narren?«

»Anders?«, erkundigte sich der junge König.

»Ja, die Prinzessin im Havelland, die macht es anders, die hat ihre klügsten Köpfe in einem Rat sitzen, so wird dort entschieden. Die Starken tragen die Schwachen, und jeder kann nach seiner Fasson glücklich sein. Ja, ja. Schön hat sie es da, die Prinzessin.«

»Schön und glücklich herrschen, Firlefanz!«

»Ja, ja, Eure Hoheit begreift es wieder nicht. Eure Hoheit

kennt wohl keinen Zusammenhalt und keine mündigen Bürger, iwo! Wenn meine Person Euch schon zu reizen vermag. Ein armer Narr, unser König. Armer Narr, armer Narr!«, frotzelte der Narr und sprang um den König herum.

»Sag mir lieber, wo ich diese Prinzessin finde. Ich muss wissen, was es mit diesem Ort auf sich hat«, entgegnete der König mit gesenkter Stimme.

»Oh, er möchte sie besuchen, der schöne Prinz, verstehe, verstehe. Was bekomme ich dafür? Glöckchen, Kasper braucht neue Glöckchen. Nun gut, hört zu …«

Noch im Morgengrauen ritt der junge König los. Das will ich sehen, eine Prinzessin, die mit jedem spricht, die in Gemeinschaft regiert, dachte er bei sich. So misstrauisch er war, so neugierig war er auch. Vielleicht gab es doch einen Weg, es anders zu machen, und so dachte er über dieses »Wir« nach, von dem der Narr gesprochen hatte. Doch trotz allen Grübeln, es erschloss sich ihm nicht.

Gegen Abend erreichte er das kleine Dorf im Havelland. Auf den Straßen herrschte reges Treiben, doch dem feinen Zwirn, allem Gold, das er trug, zum Trotze wagten es die Menschen, ihm nicht den Weg zu räumen, sie sprachen gar mit ihm, als wäre er einer von ihnen.

»Hallo, junger Fremder, schon länger auf Reisen? Du siehst müde aus, komm doch mit zu uns, es gibt gleich Abendbrot«, sprach eine junge Frau zu ihm, als er sein Ross vor der Schenke festmachte.

»Ich verbitte mir, dass Sie in diesem Ton … äh, ich bin schließlich …« – kurz rief er sich die Worte des Narren ins Gedächtnis.

»Ja, ja, du bist ein König, das sehe ich selbst. Darf ich dich deshalb nicht zum Essen einladen?«, entgegnete die Dorfbewohnerin keck.

»Ähm.« Der König überlegte. »Doch, doch, sicherlich. Vielen Dank. Und Sie sind …?«

»Ich bin die Prinzessin. Komm jetzt, wir sind spät dran!«

Verdutzt und ein wenig skeptisch folgte er ihr, doch gingen sie nicht in den Speisesaal des Schlosses, sondern in eine große Scheune.

Der junge König traute seinen Augen kaum: Um eine lange Tafel waren sie alle versammelt, Junge und Alte, Kranke und Gesunde, Geistliche und Gelehrte, Mägde und Landarbeiter. In der Ecke loderte ein großes Feuer, und nebst feinem Wein und bestem Bier servierte man einander Köstliches.

Nachdem auch sie Platz genommen hatten, ergriff die Prinzessin das Wort: »Das ist ein neuer Freund, ein junger König von weit her, seid aufmerksam und gut zu ihm! Lasst es Euch schmecken!«

Und so ging es in die Nacht, sie redeten und lachten, sprachen über ihre Sorgen und Nöte, über Freudiges und Schönes. Der junge König konnte nicht anders als sich mitreißen lassen. Er erinnerte sich abermals an die lockeren Stunden, die er einst mit seinen Brüdern in der Wirtschaft verbracht hatte, wie sie Pläne schmiedeten und Streiche ausheckten.

»Und Ihr, also du, äh, du bist hier also – wie machst du das?«

»Na ja«, sagte die Prinzessin, »ich hatte es satt, allein und unglücklich zu sein. Wie kann ich ein fröhlicher Mensch sein, wenn um mich nur Unmut und Misstrauen herrschen?«

Der junge König hielt schweigend inne.

»Und wieso bist du eigentlich hier, du bist doch sicher auf der Durchreise, oder?«

»Ich wollte, ähm, ich wollte eigentlich wissen, also …«

»Wissen, wie wir hier leben? Als »Wir«, das siehst du doch!«

Diese Worte klangen noch lange in seinem Kopf nach, als er kurz nach Mitternacht zu Bett ging.

Am nächsten Morgen erwachte er mit dem ersten Krähen des Hahnes – er hatte es verstanden! Er müsse eine Rede halten, eine Ansprache, vor allen seinen Untertanen, müsse ihnen erklären, ja, irgendwie verständlich machen, was dieses »Wir« bedeute. Das Schreiben lag ihm, er hatte Talent, doch wie er es auch drehte, es wollte nicht gelingen. Er beschloss, noch einige Tage in diesem außergewöhnlichen Dorf zu verbringen, hoffend, die Worte mögen ihm kommen. Der junge König blieb und lernte im »Wir«, was es alles bedeuten könne, doch merkte er bald, dass seine Sprache nicht reichen würde.

Was sollte er tun, die Menschen hier herholen? Nein, jetzt wusste er es – er würde seinem Volke dieses Gefühl vermitteln müssen. Einen Rat gründen, eine Scheune bauen, das Lernen im »Wir« ermöglichen. Er beschloss, die Prinzessin und ihre Berater zu konsultieren, die würden ihm sicherlich helfen können. Und morgen schon, so dachte sich der Prinz, würde er zurück nach Hause fahren und zusammen mit seinem Volk ein gemeinschaftliches Leben und Regieren erdenken. Und wenn sie nicht gestorben sind, dann leben die beiden Völker noch heute im Wir.

Mein Platz im WeQ-Wandel

Dieses Buch will informieren, inspirieren und aktivieren – informieren über die Existenz eines höchst grundlegenden und zukunftsträchtigen Megatrends, inspirieren zum eigenen Eintauchen in die Vielfalt und Chancen dieses Megatrends und aktivieren zum eigenen Nutzen und Mitgestalten des WeQ-Kulturwandels und der WeQ-Initiative.

Wer sich hinlänglich informiert und inspiriert fühlt und sich fragt, was er nun aktiv tun kann für sich selbst und für das Wachsen der WeQ-Impulse zu einer Kraft, die unser eigenes Wirkungsfeld und unsere Gesellschaft und Kultur insgesamt verändert, dem kann vielleicht folgende kurze Checklist hilfreich sein.

Informieren

Noch ist praktisch jeder von uns täglich sehr stark angeschlossen an eine Medienwelt, die nicht auf gute Nachrichten aus der durchaus schon verblüffend reichen Welt der WeQ-Trends und beispielgebenden Umsetzungen von deren Spirit spezialisiert und fokussiert ist. Den in diesen Nachrichtenströmen transportierten Informationen und Sichtweisen können wir uns nicht entziehen. Wir brauchen sie für unsere Anschlussfähigkeit in dieser Welt, privat und beruflich. Wenn wir dennoch auch im Verstehen, Lernen und Umsetzen von neuen, besseren, sinnvolleren und sinnstiftenderen Konzepten und Lösungen täglich Fortschritte machen möchten, ist ein Schritt unumgänglich: Wir müssen uns zumindest mit gleichem Gewicht über Nachrichten und Impulse aus dieser neuartigen WeQ-Welt informieren. Daher unsere erste und wichtigste konkrete Empfehlung:

- *»goodimpact.org«* – die Online-Plattform für gutes Leben und gesellschaftlichen Wandel – zur Startseite auf allen unseren Internetzugängen machen und allen Freunden empfehlen, dies ebenso zu tun.

Inspirieren

Wie kann ich mich selbst und auch Freunde, Bekannte und mein berufliches Umfeld immer besser inspirieren mit den inspirierenden Impulsen, Projekten und Menschen der WeQ-Welt? Unsere Empfehlung gilt auch hier dem Anschluss an einen Info- und Impulsstrom, durch den jeder jederzeit die jeweils aktuellen Inspirationsmomente und -angebote in der WeQ-Welt mitbekommt:

- im *Newsletter von »WeQ.works«* anmelden – und dort jeweils erfahren, welche Events, Workshops, Publikationen, Treffen aus der WeQ-Community angeboten werden.

Aktivieren

In diesem Buch sind einige konkrete Initiativen angesprochen, die aus dem Kreis der ersten Initiatoren angestoßen wurden. Auf goodimpact.org und WeQ.works sind sehr viele weitere WeQ-gemäße Projekte und Initiativen zu finden. Jeder sollte für sich überlegen, ob er sich in einem der bereits bestehenden Projekte engagieren möchte oder auch selbst und/oder mit Freunden eine Initiative starten möchte.

Ferner entstehen innerhalb der WeQ-Community ständig neue Netzwerke, in denen man sich einbringen und engagieren kann. Das »*WeQ Entrepreneurs Network*« ist nur ein Beispiel. Über all diese Entwicklungen berichten ebenfalls goodimpact.org und WeQ.works. Ansprechpartner für Empfehlungen zu passenden WeQ-Netzwerken sind:

- das *Genisis Institute* (nähere Informationen unter *genisis-institute.org*) und die *WeQ Foundation*.

Zu den Autoren

Dr. Helga Breuninger

ist Psychologin, Unternehmensberaterin und Stifterin. Sie leitet die von ihrem Vater gegründete Breuninger Stiftung und gründete zusätzlich die Helga Breuninger Stiftung sowie die Stiftung Paretz, die ein breites Spektrum an Aktivitäten für systemische Lösungen entwickelten. Sie gründete ferner die Helga Breuninger Consulting, Beratungsunternehmen für Unternehmensnachfolgebegleitung. Mit Prof. Dr. Wilfried Schley rief sie den Stiftungsverbund intus[3] ins Leben zur Entwicklung von Trainingsprogrammen wie das Beziehungslernen. Sie ist Autorin mehrerer Bücher sowie Mitbegründerin und Treuhänderin der WeQ Foundation.

David Diallo

ist erfolgreicher Serienunternehmer, zunächst im IT-Bereich, heute im Bereich von Social Business und gesellschaftlichem Wandel. Er ist Geschäftsführer des Social Publish Verlags, der die Magazine »enorm«, »Werde«, »Wald« und »So gesund« herausgibt, und Geschäftsführer von Impact Partner, das Online-Plattformen für den gesellschaftlichen Wandel etabliert wie goodimpact.org und goodjobs.eu. Er ist Mitbegründer des Genisis Institute und der WeQ Foundation.

Detlef Gürtler
ist Wirtschaftsjournalist, u. a. bei Cash Flow, Wirtschaftspost und BrandEins, und Blogger, u. a. bei der taz. Seit 2008 ist er Chefredakteur von GDI Impuls, dem renommierten Vordenkermagazin des Gottlieb Duttweiler Instituts. Er ist Autor mehrerer Bücher und Mitbegründer der WeQ Foundation.

Prof. Dr. Dr. Gerald Hüther
ist Professor für Neurobiologie an der Universität Göttingen. Er ist Autor zahlreicher wissenschaftlicher Publikationen und Publizist mehrerer populärwissenschaftlicher Bestseller. Er ist renommierter Keynote-Speaker und Mitglied in zahlreichen Beiräten. Er ist Mitbegründer von Schule im Aufbruch und der WeQ Foundation und gründete jüngst die Akademie für Potenzialentfaltung.

Marianne Obermüller
ist erfolgreiche Unternehmerin zunächst in der Industrie, dann im Bereich Social Business und Social Innovation. Sie gründete die Earthrise Society und das erste Social Business Inkubatorunternehmen in Deutschland, das inzwischen unter dem Namen Genisis Business Innovation arbeitet. Sie baute die Auma Obama Foundation erfolgreich aus, die von der Schwester des US-Präsidenten Barack Obama gegründet wurde, ist Mitbegründerin und Head of Business Development des Genisis Institute sowie Mitbegründerin der WeQ Foundation.

Peter Spiegel

ist Zukunftsforscher und war Generalsekretär des renommierten Think-Tanks Club of Budapest International. Er ist Gründer und Leiter des Genisis Institute for Social Innovation and Impact Strategies, Initiator und Leiter des Vision Summit sowie des EduAction Bildungsgipfels, Autor und Herausgeber von mehr als 25 Publikationen und Mitglied in zahlreichen Beiräten. Er ist Initiator und Mitbegründer der WeQ Foundation.

Prof. Ulrich Weinberg

ist Leiter der Hasso Plattner Institute School of Design Thinking an der Universität Potsdam und Visiting Professor an der Communication University of China in Peking. Er ist Vorstand der Deutschen Gesellschaft für Qualität (»Made in Germany«), Autor zahlreicher Publikationen, zuletzt »Network Thinking«, und Mitbegründer sowie Präsident der WeQ Foundation.

MICHAEL CAROLAN
Cheaponomics
Warum billig zu teuer ist
19,99
jetzt 0,99 €
oekom